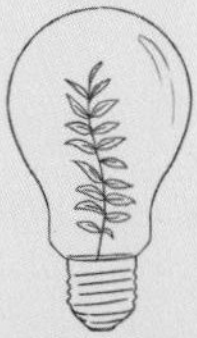

DIE ZUKUNFTS-MACHER

40 KLUGE KÖPFE UNTER 40.
UND WOHIN SIE UNSER LAND FÜHREN WOLLEN.

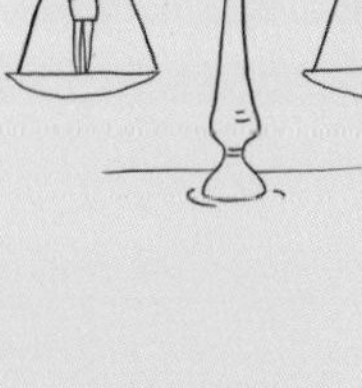

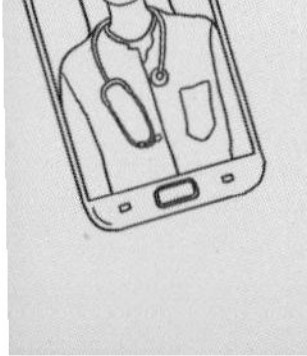

ECON

INHALTS-VERZEICHNIS

VORWORT

BILDUNG

FAMILIE

ARBEIT UND SOZIALES

DIGITALE AGENDA

GESUNDHEITSWESEN

WIRTSCHAFT

MEDIEN

UNTERNEHMEN

LANDWIRTSCHAFT

VERTEIDIGUNG

ENTWICKLUNG

AUSWÄRTIGES

INNERES

RELIGION

GESELLSCHAFT UND KULTUR

NACHWORT

VOR-
WORT

VORWORT PAUL ZIEMIAK

DIESES BUCH IST EINE AUF-FORDERUNG

Deutschland und den Deutschen geht es gut – so gut wie noch nie. Die Generation unserer Großeltern hätte sich, als sie vor 72 Jahren begann, dieses Land wiederaufzubauen, wohl nicht träumen lassen, in welchem Wohlstand und Frieden ihre Kinder, Enkel/innen und Urenkel/innen einst aufwachsen würden.

Ihre Entbehrung, harte Arbeit und die Unterstützung unserer Verbündeten haben Deutschland zu einem der stärksten und wohlhabendsten Länder der Welt gemacht. Tatsächlich war der Frieden durch den Kalten Krieg auch lange Zeit bedroht. Doch mit dem Fall der Mauer konnte dieses Kapitel geschlossen und die Einheit Deutschlands wiederhergestellt werden. Angst vor dem Atomkrieg kennen viele nur noch aus Erzählungen.

Die Europäische Union hat uns die längste Friedensperiode beschert, die es in Europa jemals gab. Durch unsere Kranken-, Renten- und Arbeitslosenversicherung haben wir ein Maß an sozialer Absicherung geschaffen, das international beispiellos ist. Trotzdem haben Unternehmen die Freiheit und Flexibilität, die sie brauchen, um auf in- und ausländischen Märkten zu bestehen. „Made in Germany" ist immer noch der internationale Qualitätsstandard. Auch in Forschung und Entwicklung sind die Deutschen vielfach an der Spitze, und unser erfolgreiches System der dualen Berufsausbildung ist häufig kopiert und doch nie erreicht worden.

„DEUTSCHLAND IST MEINE HEIMAT UND FÜR IHRE ZUKUNFT SETZE ICH MICH EIN."

Wie viel einem dieses Land ermöglicht, wenn man bereit ist, sich zu engagieren, habe ich selbst erfahren: Ich wurde im Jahr 1985 im polnischen Stettin geboren. Als ich drei Jahre alt war, kamen meine Eltern nach Deutschland. Sie hatten zwei Kinder, drei Koffer und sehr viel Mut dabei. Ich kam in den Kindergarten und sprach noch kein Wort Deutsch. Aber ich hatte Glück: Wir waren nur wenige Spätaussiedler, deshalb habe ich die Sprache schnell gelernt. Ich habe mich integriert und bin Deutscher geworden. Deutschland ist meine Heimat. Für diese Heimat und ihre Zukunft setze ich mich ein, denn ich habe selbst erlebt, dass man in Deutschland unabhängig von der Herkunft etwas schaffen, etwas bewegen kann. Bei uns gelten Chancengleichheit und Leistungsprinzip. Rechtsstaat, Demokratie und eine unabhängige Justiz garantieren diese Prinzipien.

„ICH BLICKE OPTIMISTISCH UND VOLLER VORFREUDE IN DIE ZUKUNFT."

Warum dieses Buch? Warum jetzt mit vierzig unterschiedlichsten Autorinnen und Autoren über die Zukunft nachdenken? Unserer Generation wurde ein wohlhabendes Land hinterlassen, ein Land, in dem die meisten Menschen finden, dass es gerecht zugeht, ein Land mit einer reichen Kultur und einer langen Geschichte. Jetzt liegt es an uns, an der jungen Generation, diese Errungenschaften zu bewahren und zu entwickeln – und das in Zeiten des Umbruchs. Die Digitalisierung, die Globalisierung, das raue politische Klima verunsichern die Menschen, auch die junge Generation. Sie sind auf der Suche nach Orientierung, nach Antworten: Was bedeutet die Digitalisierung für meine Arbeit? Werde ich trotz des demografischen Wandels eine sichere Rente haben? Werden es meine Kinder später einmal genauso gut haben wie ich?

Mit ungekannter Geschwindigkeit verändert sich die Welt um uns herum und wir uns mit ihr. Für mich sind diese Entwicklungen Chancen, Deutschland, unser Land und unsere Gesellschaft zu gestalten und weiterzuentwickeln. Wir können und werden daran wachsen. Ich blicke optimistisch und voller Vorfreude in die Zukunft.

Dieses Buch ist eine Aufforderung, die Zukunft als Chance zu begreifen. Wir sind vierzig junge Autorinnen und Autoren, die sich darüber Gedanken machen: Junge Politiker/-innen wie Jens Spahn, Unternehmer/-innen wie Lencke Steiner und Kulturschaffende wie Afrob, die sich engagieren und teilweise schon heute im Licht der Öffentlichkeit stehen. Sie haben aufgeschrieben, welche Zukunft sie sich für Deutschland wünschen, für welche Entwicklungen sie sich einsetzen wollen. Sie geben optimistische Antworten auf diese Fragen. Ihre Beiträge sind mal harmonisch, mal kontrovers, mal polemisch und mal nachdenklich. Aber sie alle sind wichtig.

„MISCHEN SIE SICH EIN UND GESTALTEN SIE UNSER LAND!“

Gesellschaft und Politik können nur funktionieren, wenn wir Themen ansprechen und diskutieren. Welche Rolle soll, darf – ja, muss ein starkes Deutschland in einer globalisierten Welt spielen? Wie können wir unsere Gesellschaft zusammenhalten und die Herausforderungen, vor die uns eine pluralistische Gesellschaft stellt, bewältigen?

Gerade jetzt, in diesen scheinbar unsicheren Zeiten, sollten wir die Fragen diskutieren und beantworten. Offene und unvoreingenommene Diskussionen darüber, wie wir unsere Gesellschaft und unsere Zukunft gestalten wollen, sind das beste Mittel gegen Unsicherheit und Populismus. Deshalb ist dieses Buch vor allem auch eine Aufforderung an Sie, liebe Leserinnen und Leser: Machen Sie sich jetzt Gedanken darüber, in welchem Land Sie leben wollen. Entwerfen Sie Ihre Zukunft, und dann werden Sie aktiv. Mischen Sie sich ein und gestalten Sie unser Land.

Ich wünsche mir für unsere Zukunft eine freie, vielfältige Gesellschaft, offen für Neues, stolz auf Bewährtes. Die Menschen werden sich zu ihrem Land bekennen und patriotisch sein. Vielleicht heißen die Politiker/-innen von morgen nicht mehr Horst, Wolfgang oder Angela, aber wir werden zusammenstehen, wirtschaftlich und sozial die stärkste Nation Europas sein.

Bleibt nur noch eine Frage zu klären: Warum ausgerechnet das Jahr 2029?

Ganz einfach: 2029, in zwölf Jahren, wird voraussichtlich ein neuer Bundestag gewählt, und viele Menschen, die jetzt noch so jung wie unsere Autorinnen und Autoren sind, werden dann dieses Land gestalten: als Unternehmer/-innen, Politiker/-innen, Künstler/-innen und Intellektuelle. Wenn Sie sich engagieren, dann können auch Sie ein Teil dieser Gruppe sein, die verändert und gestaltet.

In diesem Sinne wünsche ich Ihnen eine anregende Lektüre!

PAUL ZIEMIAK, *1985

Der im polnischen Stettin geborene und in Iserlohn aufgewachsene Paul Ziemiak trat 1998 in die Junge Union (JU) und 2001 in die CDU ein. Er war seit 2006 Mitglied im Vorstand der JU NRW und von 2012 bis 2014 deren Landesvorsitzender. 2014 wurde er in der ersten "Kampfabstimmung" seit 1973 zum Bundesvorsitzenden der Jungen Union Deutschlands gewählt. Die Junge Union ist als gemeinsame Nachwuchsorganisation von CDU und CSU die größte politische Jugendbewegung ihrer Art in Europa. Ziemiak ist zudem Mitglied des Bundesvorstandes der CDU. Mit 97,6 Prozent wurde er als Kandidat für die nächste Bundestagswahl gewählt.

BILDUNG

BERUFLICHE BILDUNG KATRIN ALBSTEIGER

AUSBILDUNGEN VERDIENEN EIN BESSERES IMAGE

Die berufliche und die akademische Bildung verdienen zweifelsfrei die gleiche hohe politische Beachtung und Wertschätzung. Ohne eine gute berufliche Bildung gehen unseren Betrieben die Fachkräfte aus. Unsere Wirtschaft ist auf hervorragend ausgebildete Handwerker, Meister, Erzieherinnen usw. angewiesen. Ganz klar: Die beruflich ausgebildeten Fachkräfte stellen das Rückgrat für unseren künftigen wirtschaftlichen Erfolg und Wohlstand dar.

Wer sagt denn, dass Studieren immer besser ist als eine berufliche Ausbildung? Es ist schlichtweg nicht richtig, wenn man Kindern, Jugendlichen und Eltern eintrichtert, sie seien Bildungsabsteiger, wenn sie aus einem Akademikerhaushalt stammen und sich für eine berufliche Bildung entscheiden.

„BILDUNGSAUFSTEIGER IST, WER SEINE TALENTE ERKENNT UND DEN PASSENDEN WEG EINSCHLÄGT."

Und jenen, die aus einem beruflich gebildeten Elternhaus stammen, redet man von der linken Seite des politischen Spektrums nicht selten ein, sie seien nur dann Bildungsaufsteiger, wenn sie ein Studium beginnen. Ganz im Gegenteil! Alle sind dann Bildungsaufsteiger, wenn sie den Bildungsweg einschlagen, der zu ihren Interessen und Talenten auch wirklich passt. Richtigerweise haben wir als Union in der Vergangenheit entsprechend gehandelt. Wir haben beispielsweise im Bundestag in der 18. Wahlperiode das Meister-BAföG deutlich erhöht, das damit erstmals auf Augenhöhe mit dem Studierenden-BAföG rückte.

Trotzdem haben wir eine Vielfalt von Aufgaben vor uns. Die Digitalisierung wird den Arbeitsmarkt – und damit auch die berufliche Bildung – in den kommenden Jahren essenziell prägen. Sie bietet enorme Chancen und bringt gleichzeitig ganz neue Herausforderungen mit sich. Es wird unmöglich sein, sich diesem Wandel zu entziehen. Also müssen wir ihn gestalten. Der Bund reagiert bereits auf diese Entwicklung, z. B. mit der Initiative Berufsbildung 4.0. Das ist ein wichtiger Beitrag, um die Zukunftsfähigkeit der Berufsausbildung zu gewährleisten. Man wird frühzeitig erkennen müssen, wie sich die Anforderungen an die Qualifikationen der Facharbeiter verändern. Daher halte ich es für wichtig, betroffene Arbeitsplätze im Hinblick auf Arbeitsprozesse und Qualifikationsbedarf zu untersuchen. Dies wird durch die Forschungsinitiative „Fachkräftequalifikation und Kompetenzen für die digitalisierte Arbeit von morgen“ bereits getan. Hier müssen wir unsere Anstrengungen aber noch verstärken.

Wir sollten Kinder, Jugendliche und Auszubildende frühzeitig und verantwortungsvoll an die neuen digitalen Medien heranführen. Deshalb ist der DigitalPakt#D ein sinnvolles Instrument. Von diesem Maßnahmenpaket, zu dem die Breitbandanbindung, W-LAN, digitale Geräte sowie Lehrerbildung und pädagogische Konzepte gleichermaßen gehören, sollen auch die Berufsschulen profitieren.

„EINE BERUFLICHE AUSBILDUNG IST ANSPRUCHSVOLL!“

Klar ist auch: Die Entscheidung, eine berufliche Ausbildung aufzunehmen, beginnt im Kopf. Die Anpassung der Ausbildungsinhalte und die Art der Vermittlung ist deshalb nur ein Schritt von vielen. Wir brauchen ein besseres Image und mehr Wissen über die Möglichkeiten, die eine duale Ausbildung mit sich bringt. Deshalb helfen Praktika schon zu Schulzeiten, Berufsberatung an allen Schularten, eine Sensibilisierung der Eltern für dieses Thema und auch Attraktivitätssteigerungen, wie beispielsweise die Ermöglichung von Ausbildungsabschnitten im Ausland.

Auf dem Erreichten werden wir uns jedoch auf keinen Fall ausruhen können. Dafür sorgen schon die unglaubliche Dynamik des Fortschritts und die dringenden Bedarfe der Unternehmen. Die Anforderungen an eine berufliche Ausbildung werden also weiter steigen. Dies bringt neue Aufgaben mit sich und unterstreicht wieder einmal: Eine berufliche Ausbildung ist anspruchsvoll!

KATRIN ALBSTEIGER, *1983

Die in Ulm geborene Katrin Albsteiger studierte als Stipendiatin der Hanns-Seidel-Stiftung Politikwissenschaft und Volkswirtschaftslehre in Augsburg und Adelaide/Australien. 2003 trat sie der Jungen Union und zwei Jahre später der CSU bei. Nach ihrer Zeit als Gemeinderätin in Elchingen und Kreisrätin in Neu-Ulm wurde sie im Jahr 2013 als Abgeordnete in den Deutschen Bundestag gewählt. Seit 2014 bekleidet sie das Amt der Stadträtin in Neu-Ulm. Albsteiger ist Mitglied im Ausschuss für die Angelegenheiten der Europäischen Union und im Ausschuss für Bildung, Forschung und Technikfolgenabschätzung.

HOCHSCHULEN JENOVAN KRISHNAN

DREI LEHR-KONZEPTE FÜR DIE UNI DER ZUKUNFT

Der digitale Wandel wirkt sich auf das wirtschaftliche, gesellschaftliche und politische Leben aus. Er stellt uns vor neue Herausforderungen und bietet gleichzeitig auch Chancen. Diese gilt es zu erkennen und zu nutzen, damit Deutschland den Anschluss in Europa und der Welt nicht verliert. Insbesondere die Hochschulen, als Motor für Innovationen, müssen sich dieser Entwicklung stellen.

Aus diesem Grund habe ich meine Vision für die Hochschule im Jahr 2029 entwickelt, wie in naher Zukunft der Hochschulalltag bestimmt und verbessert werden soll.

Das klassische Lehrkonzept, bestehend aus Vorlesungen, Übungen, Tutorien, Seminaren und Laboren an der Hochschule, muss jedoch weiterhin Basis einer guten Lehre sein. Diese bedingt den Diskurs zwischen Studenten und Dozenten sowie die Interaktion zwischen Forschung und Lehre. In der „Hochschule 2029“ sind digitale Lehrkonzepte somit als Ergänzungen, aber nicht als Ersatz anzusehen.

In meiner Vision werden die drei Lehrkonzepte, E-Learning, Blended-Learning und E-Teaching in Deutschland 2029 eine tragende Rolle spielen.

Das E-Learning-Konzept besteht aus dem klassischen Aufbau mit Vorlesungen, Übungen et cetera, in denen der Student das Fachwissen erwirbt.Jedes Modul wird mit einer Abschlussprüfung in Form einer Klausur, einer mündlichen Prüfung oder einer Hausarbeit beendet. Alle Lehrunterlagen werden, unter der Berücksichtigung des Urheberrechts, auf eine online verfügbare Lernplattform gestellt.

Auf diesem Portal stehen, ergänzend zu den Lehrunterlagen, Zusatzmaterialien wie wissenschaftliche Aufsätze, Normen oder Fachliteratur zur Verfügung. Durch dieses Angebot wird der Inhalt der Vorlesungen und Übungen sinnvoll erweitert. Durch das bereits stark verbreitete E-Learning-Konzept wird sowohl das Niveau der Lehre erhöht als auch die Möglichkeit eines freiwilligen und selbstständigen Lernens gegeben.

„DIGITALE UND KLASSISCHE LEHRE VERKNÜPFEN.“

Das Blended-Learning ist ein Lehrkonzept, das die digitalen Strukturen stärker mit der klassischen Lehre verknüpfen soll. Zu der im E-Learning beschriebenen Lernplattform werden digitale Elemente in die Vorlesungen und Übungen eingefügt. Der Student bereitet sich auf der Lernplattform durch Tutorials oder eine kurze Online-Vorlesung auf den Lerninhalt der eigentlichen Vorlesung vor. Der Dozent geht in der Vorlesung darauf ein und kann den Unterrichtsstoffvertiefen. Außerdem hat er die Option, durch anwendungsorientierte Beispiele, Labore oder Ähnliches, das Thema anschaulicher zu machen.

„MESSBAR MACHEN, OB INHALTE VERSTANDEN WURDEN.“

Die während des Selbststudiums oder der Vorlesung entstandenen Fragen zum Lehrinhalt können auf einer Onlineplattform gesammelt und dort vom Dozenten beantwortet werden. Die Vorlesung kann darüber hinaus auf der Lernplattform durch individuelle Onlinetests nachbereitet werden. Dadurch kann messbar gemacht werden, ob der Studieninhalt verstanden wurde.

Das E-Teaching-Konzept digitalisiert die gesamte Lehre. Vorlesungen, Übungen oder Hausaufgaben finden als Onlinekurs statt. Der Dozent nimmt dazu die Vorlesung auf und stellt sie den Studenten auf einer Lernplattform zur Verfügung. Ändert sich der Stand der Forschung, muss der Inhalt der Vorlesung angepasst werden. Etwaige Fragen zum Inhalt können auf der Plattform in verschiedenen Foren gestellt, diskutiert und beantwortet werden. Es bleibt festzuhalten, dass das E-Teaching sich insbesondere in anwendungsorientierten Kursen (z. B.: Programmieren oder Digital Humanities) und in höheren Semestern eignet.

Bei der Digitalisierung gibt es Gewinner und Verlierer. Als Wissenschafts- und Hochschulstandort Deutschland, als das Land der Entwicklungen und Innovationen und als Land mit einem großen Ansehen in Europa und der Welt, haben wir es selbst in der Hand, ob wir im Jahr 2029 die Gewinner oder die Verlierer sein wollen.

JENOVAN KRISHNAN, *1991

Der Sohn tamilischer Eltern, die vor dem Bürgerkrieg in Sri Lanka geflohen waren, wuchs in Regensburg auf und machte sein Abitur in Kempten im Allgäu. Im Oktober 2012 belegte er an der Goethe-Universität in Frankfurt am Main das Fach Politikwissenschaften und trat im gleichen Jahr der CDU sowie dem Ring Christlich-Demokratischer Studenten bei. Von 2013 bis 2015 war er Oppositionsführer des RCDS im Studentenparlament der Goethe-Universität und leitete von 2014 bis 2015 den RCDS Frankfurt als Gruppenvorsitzender. Krishnan ist Mitglied im Bundesfachausschuss für Bildung, Forschung und Innovation.

SCHULEN DR. WOLFGANG STEFINGER

OHNE LEISTUNG KEIN FORTSCHRITT

Bildung ist eine Schlüsselinvestition in eine erfolgreiche Zukunft und bildet das Fundament für wirtschaftlichen Wohlstand und Sicherheit. Wir alle wissen: Die Schuljahre prägen einen Menschen in besonderem Maße. Im Klassenzimmer werden wichtige Weichen gestellt, denn Bildung gehört zu den wichtigsten Ressourcen, die wir haben.

Deshalb muss auch die Politik die richtigen Weichen stellen und dafür sorgen, dass wir bestmöglich in die Köpfe der jungen Menschen investieren. Wir brauchen eine zukunftsorientierte Schulpolitik, die die Schüler optimal auf die kommenden Herausforderungen vorbereitet und die dafür erforderlichen Mittel bereitstellt.

„ES FEHLT EIN BEWUSSTSEIN FÜR DATENSCHUTZ."

Da wäre zum einen die Digitalisierung, die rund um den Erdball zum Megatrend geworden ist. Smartphones, Gadgets und Internetgames gehören für viele Kinder längst zum Alltag. Hier ist die Generation der „Digital Natives" ihren Eltern nicht selten weit voraus.

Allerdings fehlt jungen Menschen häufig noch ein ausgeprägtes Bewusstsein für Sicherheit und Datenschutz, für den verantwortungsvollen Umgang mit sozialen Netzwerken und Fake News. Bei der Vermittlung praxisrelevanten Alltagswissens kommt auch den Schulen eine wichtige Funktion zu – dies muss verstärkt Eingang in die Lehrpläne finden.

„ES GILT, KREATIVITÄT UND INNOVATIVES DENKEN ZU FÖRDERN."

Neben der Anpassung der Lehrpläne und der Unterrichtspraxis benötigen die Schulen vor allem eine zeitgemäße Infrastruktur: Wir müssen die digitale Ausstattung verbessern und die Lehrerausbildung an die Lebensrealität im 21. Jahrhundert anpassen. Eine Mammutaufgabe, insbesondere für die Länder, denn diese sind schließlich für die Schulpolitik zuständig. Mit dem DigitalPakt#D wurde 2016 ein weitreichender Vorschlag auf den Tisch gelegt, um die digitale Transformation des Bildungssystems zu beschleunigen. Die Einbeziehung starker Innovationspartner sollte man nicht per se verteufeln. Es wäre sehr zu wünschen, wenn wir im Jahr 2029 schon auf mehrere erfolgreiche Digitalisierungsinitiativen zum Wohle der Schüler zurückblicken könnten.

Aber müssen schon Kinder das Programmieren lernen, wie es immer häufiger gefordert wird? Sollen die Kids bereits im frühen Alter auf eine Karriere als IT-Experte getrimmt werden? Ich finde, wir sollten hier nicht übers Ziel hinausschießen. Viel zielführender wäre es, Begeisterung für MINT-Fächer und neue Technologien zu wecken, Grundlagenwissen zu vermitteln, Kreativität und innovatives Denken zu fördern, aber Kinder auch noch Kinder sein zu lassen. Und es gibt noch weitere Schlüsselkompetenzen, denen ebenfalls mehr Raum gewidmet werden sollte, wie etwa Fremdsprachen.

In einer globalisierten Welt mit immer kürzeren Innovationszyklen, in der disruptive Technologien im Nu ganze Branchen auf den Kopf stellen, wird es mehr denn je darauf ankommen, wieder verstärkt das Leistungsprinzip zu betonen. Leistung sollte wieder mehr gefördert werden und kein Schimpfwort sein, denn ohne Leistung gibt es keinen gesellschaftlichen Fortschritt und damit auch keinen Wohlstand. Wilde Gleichmacherei, die Absenkung von Bildungsstandards und Einser-Noteninflation helfen uns hier sicherlich nicht weiter. Und da wäre noch die vielzitierte Frage nach der Chancengleichheit: Wenn Schüler in den Bundesländern höchst unterschiedliche Leistungsanforderungen vorfinden, hat das mit Fairness nichts zu tun.

Klar ist für mich aber auch, dass am Föderalismus nicht gerüttelt werden darf. Die Verantwortung der Bundesländer für die Bildungspolitik hat sich bewährt. Sie ist ein Kernelement unserer föderalen Ordnung. Es wäre daher schön, wenn wir auch im Jahr 2029 nicht andauernd über die Aufhebung des Kooperationsverbots diskutieren und uns in heillosen Scharmützeln verzetteln. Richtig ist: Die Länder sind näher dran am Schüler als der Bund. Kulturelle und regionale Besonderheiten können besser berücksichtigt werden. Und so manche Bildungsstudie offenbart, welches Land seine Hausaufgaben gut oder weniger gut gemacht hat. Wir sollten daher endlich mehr über eine Harmonisierung von Bildungsstandards und Abschlussprüfungen sprechen. Besonders erfreulich wäre es aber, wenn wir im Jahr 2029 alle diese Diskussionen längst hinter uns gelassen hätten.

DR. WOLFGANG STEFINGER, *1985

Der CSU-Politiker Dr. Wolfgang Stefinger gehört seit dem Jahr 2013 dem Deutschen Bundestag an und vertritt den Wahlkreis München-Ost und Innenstadt. Er ist ordentliches Mitglied im Ausschuss für Bildung, Forschung und Technikfolgenabschätzung. Die Schwerpunkte seiner Tätigkeit im ABFT sind die Themen Industrie 4.0, Sicherheitsforschung und die außeruniversitären Forschungsorganisationen. Des Weiteren ist Dr. Stefinger stellvertretendes Mitglied im Haushaltsausschuss sowie im Ausschuss für Familie, Senioren, Frauen und Jugend und gehört darüber hinaus dem Unterausschuss Bürgerschaftliches Engagement an.

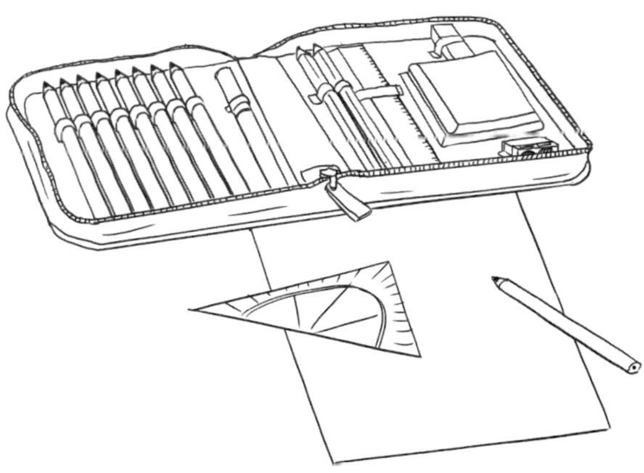

FAMILIE

GLEICHSTELLUNG VON MANN UND FRAU JOHANNA UEKERMANN

BECAUSE IT'S 2029!

„Because it's 2015!" – Mit diesem Satz begründete Justin Trudeau, Premierminister von Kanada, seine Entscheidung, genauso viele Frauen wie Männer in sein Kabinett geholt zu haben. Feministinnen und Feministen auf der ganzen Welt feierten ihn dafür. Weil es so einfach klang, so selbstverständlich. Vor allem aber, weil es einfach selbstverständlich sein sollte.

Frauen stellen die Hälfte der Bevölkerung dar, sie machen oftmals die besseren Bildungsabschlüsse. Trotzdem ist es keine Selbstverständlichkeit, Frauen in einflussreichen Posten zu sehen. In den allermeisten Regierungen sind Frauen in der Minderheit, auf Chefetagen und in Aufsichtsräten muss man Frauen mit der Lupe suchen, und an den Universitäten sind die Professuren fest in Männerhand.

Damit nicht genug. Frauen verdienen auch im Jahr 2017 noch 21 Prozent weniger als Männer. Weil sie aufgrund ihres Geschlechts diskriminiert werden, wenn sie die gleiche Arbeit machen. Aber auch, weil sie in typischen „Frauenberufen" arbeiten, die schlecht bezahlt sind. Und weil es immer noch Frauen sind, die für Kinder und für die Pflege von Angehörigen zurückstecken.

„FÜR VIELE FRAUEN LOHNT EINE VOLLZEITARBEIT KAUM."

Rahmenbedingungen wie das Ehegattensplitting tun ihr Übriges dazu, dass es sich für viele Frauen kaum lohnt, Vollzeit arbeiten zu gehen. Wer aber länger im Beruf ausfällt oder in Teilzeit arbeitet, macht kaum Karriere, bekommt kaum

Verantwortung. Die schlechtere Bezahlung und die schlechteren Karrierechancen haben deshalb auch Folgen für die Absicherung im Alter.

„ALTERSARMUT IST WEIBLICH."

Es sind heute überwiegend Frauen, die im Alter Angst haben müssen, nicht genug für ein auskömmliches Leben zu haben oder auf Grundsicherung angewiesen zu sein. Altersarmut ist weiblich.

Es ist also weder im Jahr 2015 noch im Jahr 2017 so, dass Frauen in unserer Gesellschaft tatsächlich gleichgestellt wären. Sexismus, strukturelle Gegebenheiten, die Frauen benachteiligen, sowie veraltete Rollenbilder gehören deshalb an den Pranger. Wer so tut, als wäre es die freie Entscheidung, wie Frauen und Männer ihr Leben, ihre Partnerschaft, die Betreuung von Kindern und die Pflege von Angehörigen regeln, verkennt die gesellschaftlichen Rahmenbedingungen und somit auch die gesellschaftliche Verantwortung, die wir haben, um gleiche Chancen und echte Gleichberechtigung zu erreichen.

„ES BRAUCHT EIN GESETZ ZUR LOHNGERECHTIGKEIT."

Nun ist es bis zum Jahr 2029 noch eine Weile hin, und ich hoffe sehr, dass wir schneller ans Ziel kommen. Denn ich möchte eine Gesellschaft, in der Frauen das Gleiche verdienen wie Männer. Deshalb braucht es ein echtes Gesetz zur Lohngerechtigkeit, das für alle Unternehmen bindend ist. Und es braucht die Möglichkeit für Gewerkschaften, zu klagen, wenn Frauen diskriminiert werden.

Ich möchte eine Gesellschaft, in der Männer von Chefs und Kollegen nicht schief angeschaut werden, wenn sie sechs, sieben oder sogar noch mehr Monate Elternzeit nehmen. Deshalb sollte die Elternzeit partnerschaftlich aufgeteilt werden. Die Partnermonate müssen von zwei Monaten schrittweise auf sechs Monate erhöht werden.

Ich möchte eine Gesellschaft, in der Mädchen alles werden können, was sie wollen – Chefin, Ingenieurin oder auch Kindergärtnerin – und dabei finanziell nicht das Nachsehen haben.

„JEDER SOLL LIEBEN, WEN ER WILL."

Ich möchte eine Gesellschaft, in der Frauen nicht mehr alleine mit der Dreifachbelastung Job, Kinder, Haushalt kämpfen, sondern gemeinsam mit ihrem Partner den Laden schmeißen.

Und ich möchte eine Gesellschaft, in der jede und jeder den Menschen lieben und heiraten kann, den sie oder er möchte. Mit Kindern oder ohne. Mit gemeinsamer Verantwortung und Unterstützung für die unterschiedlichsten Lebensentwürfe.

Jetzt schlottern dem einen oder anderen Konservativen sicherlich wieder die Knie und er sieht das Ende seines Weltbildes nahen. Frauen sollen das Gleiche verdienen wie Männer? Die gleichen Chancen haben? Die gleichen Rechte? Alte Rollenbilder sollen in die Tonne und alle sollen ihr Leben selbstbestimmt leben können? Oder um es kurz zusammenzufassen: Frauen und Männer sollen tatsächlich gleichgestellt sein?

JOHANNA UEKERMANN, *1987

Die in Straubing geborene Tochter eines Lehrerehepaares studierte Politikwissenschaften, Soziologie und Kulturgeographie in Würzburg und Genf und ist seit 2013 Bundesvorsitzende der Jusos (Arbeitsgemeinschaft der Jungsozialistinnen und Jungsozialisten) sowie beratendes Mitglied im SPD-Parteivorstand. Darüber hinaus gehört sie der Grundwertekommission ihrer Partei an. Im Mai 2017 wurde Johanna Uekermann auf dem Parteitag zur stellvertretenden Vorsitzenden der bayerischen SPD gewählt. Wie schon vier Jahre zuvor, kandidiert sie auch im Jahr 2017 im Wahlkreis Straubing für den deutschen Bundestag.

VEREINBARKEIT VON FAMILIE UND BERUF DR. FRANZISKA BRANTNER

GESETZLICH MEHR ZEIT FÜR KINDER SCHAFFEN

Wenn wir Familien grundsätzlich stärken, müssen wir uns im Jahr 2029 um die Vereinbarkeit von Familie und Beruf nicht mehr kümmern. Diese wird dann nämlich kein Thema mehr sein.

Die Antrittsrede des neuen Bundespräsidenten Frank-Walter Steinmeier im Februar 2017 stellte die Frage, was der Kitt sei, der unsere Gesellschaft zusammenhält. Für mich sind das auch Familien. Sie sorgen dafür, dass Menschen ein gesundes Selbstwertgefühl entwickeln und damit die Fähigkeit, mit Krisen umzugehen. Diese Resilienz ist die beste Voraussetzung, um eine Welt zu gestalten, die mutmaßlich an Konflikten nicht ärmer sein wird, als sie es heute bereits ist.

Im Englischen bezeichnet der Begriff „resilience“ Spannkraft oder Belastbarkeit. Als „resilient“ werden nicht nur Menschen bezeichnet, die große Schwierigkeiten unbeschadet bewältigen, sondern auch Gruppen, Unternehmen oder Ökosysteme, die sich angesichts massiver Irritationen als stabil erweisen. Populärwissenschaftlich spricht man vom „Immunsystem der Seele“.

„ES GIBT SO VIELE PLURALE FAMILIENFORMEN WIE NIE ZUVOR.“

Diese seelische Stärke wird aufgebaut, wenn Kinder mindestens eine Vertrauensperson haben, die sie liebt und unterstützt. Das können Familienmitglieder sein, aber auch andere Menschen, die kontinuierlich Verantwortung für das Kind übernehmen. Bereits heute gibt es so viele plurale Familienformen wie nie zuvor – angefangen bei der klassischen Ehe über nichteheliche Lebensgemeinschaften mit und ohne Kinder, Alleinerziehende oder Patchworkfamilien, gleichgeschlechtliche Partnerschaften bis hin zu familiären Netzwerken, die über Generationengrenzen hinweg gelten und auch Menschen ohne verwandtschaftliche Bindung einschließen.

Mit diesem gesellschaftlichen Wandel verändern sich auch die klassischen Rollenbilder. Meine eigene Generation hat sich noch nicht ganz vom tradierten Bild der Mutter gelöst, das Verzicht, Aufopferung und ständige Verfügbarkeit verlangt. In der Berufswelt müssen wir uns noch immer in einem männlich dominierten Umfeld behaupten, denn lange Zeit fehlten weibliche Rollenvorbilder. Das ist manchmal beschwerlich, aber wir sind auf einem guten Weg.

„FÜR EIN UNVERKRAMPFTES MITEINANDER OHNE UNTERSCHWELLIGE VORWÜRFE."

Falls meine Tochter (6) eines Tages selbst Mutter ist, wird sie sich nicht mehr zu rechtfertigen haben, wenn sie ihr Kind in eine Kita gibt oder ihre beruflichen Ambitionen dem Baby zuliebe zurückstellt. Diese Entscheidung wird sie gemeinsam mit dem anderen Elternteil treffen, und keiner von beiden wird dabei mehr auf den Gedanken kommen, allein die Mutter habe die Konsequenzen dieser Entscheidung zu tragen. Ein unverkrampftes Miteinander ohne unterschwellige Vorwürfe – das ist meine Vision für das Jahr 2029. Es gibt keine falschen oder richtigen Lebens- und Beziehungskonzepte.

Die Wertschätzung von Kindern und Eltern drückt sich auch durch den Einsatz von finanziellen Mitteln aus.

Deshalb gilt es heute, die Weichen für die Zukunft zu stellen. Grüne Familienpolitik entwickelt das Elternzeitgesetz weiter zu einem Gesetz für mehr Zeit und Selbstbestimmung. Dafür wird das bestehende Elterngeld zur KinderZeit Plus auf fast doppelt so viele Elterngeldmonate ausgedehnt wie heute. Jedem Elternteil stehen – nicht übertragbar – acht Monate zur Verfügung und weitere acht zur gemeinsamen Aufteilung. Dadurch ermöglichen wir Zeit für Kinder und Partnerschaftlichkeit.

Die KinderZeit Plus stellt gesetzlich klar, dass der Rechtsanspruch auf einen Kita-Platz gilt – sowohl für Kinder unter drei Jahren wie auch darüber. Verbindliche Regeln für die Qualität und ein kindgerechter Personalschlüssel ermöglichen, dass die Erzieher oder Erzieherinnen individuell auf jedes Kind eingehen können. Grüne Familienpolitik beweist endlich den Mut, das Ehegattensplitting abzuschaffen und die Förderung von Kindern ins Zentrum zu stellen. Das hat unverheiratete Paare und jene, die zwar verheiratet sind, aber gleich viel verdienen, lange genug steuerlich benachteiligt.

Diese Politik sorgt für faire Rahmenbedingungen – und ermöglicht echte Entscheidungsfreiheit und individuellen Freiraum.

DR. FRANZISKA BRANTNER, *1979

Seit 2013 Mitglied des Deutschen Bundestags für den Wahlkreis Heidelberg, ist Dr. Franziska Brantner Sprecherin für Kinder- und Familienpolitik ihrer Fraktion (Bündnis 90/Die Grünen) sowie Vorsitzende des Unterausschusses „Zivile Krisenprävention, Konfliktbearbeitung und vernetztes Handeln". Daneben ist sie als stellvertretendes Mitglied im Auswärtigen Ausschuss und im Ausschuss für die Angelegenheiten der Europäischen Union tätig. Von 2009 bis 2013 war Dr. Brantner Mitglied des Europäischen Parlaments und dort außenpolitische Sprecherin der Grünen/EFA-Fraktion. Sie lebt in Berlin und Heidelberg.

ARBEIT UND SOZIALES

ARBEITSMARKT TABEA BURCHARTZ

NICHTS WIRD MEHR SO SEIN WIE ES HEUTE IST

Die Arbeitswelt befindet sich momentan inmitten der vierten industriellen Revolution. Zahlreiche Umgestaltungen werden sie für immer verändern. Aus diesem Grund bin ich der Überzeugung, dass im Jahre 2029 die Arbeitsverhältnisse kaum noch wiederzuerkennen sein werden. Die bereits begonnene Auflösung von Arbeitszeit, -ort und -platz wird beendet sein, und nur noch ein Bruchteil der Beschäftigten in der Industrie wird tatsächlich dort sein müssen, wo die Maschinen arbeiten. Internet und künstliche Intelligenzen werden die physische Anwesenheit vor Ort überflüssig machen.

Die Industrie 4.0 wird den Arbeitnehmer als solchen selbstverständlich nicht komplett abschaffen; es wird immer Fachkräfte geben müssen, die Geräte und Technologien herstellen, warten und reparieren. Und auch im Jahr 2029 wird die digitale Revolution nicht an ihrem Ende angelangt sein: Die weitere Erforschung von Robotik und künstlicher Intelligenz wird stärker als heute im Fokus liegen. Dabei werden nicht nur neue Technologien, sondern auch das Ersetzen von immer knapper werdenden Ressourcen wie Wasser, Rohstoffen und vor allem Energie im Fokus der Forschung stehen.

Als Folge der anwachsenden Komplexität wird sich unsere duale wie auch hochschulische Ausbildung komplett verändern. Es wird nicht mehr möglich sein, theoretische akademische Ausbildung von der praktischen Arbeit zu trennen. Duale Ausbildungen mit Hochschulelementen werden sich etablieren, die Hochschulen werden sich den Betrieben öffnen und stärker mit ihnen kooperieren, damit das Lernen von veraltetem theoretischen Wissen nicht mehr zum Alltag gehört.

„JEDER IST FÜR SICH SELBST UND SEINE GESUNDHEIT VERANTWORTLICH."

Die Eigenverantwortung wird nicht nur für die Arbeit, sondern auch für die Erhaltung der Gesundheit immer stärker gefordert sein. Durch den Auflösungsprozess des normalen Arbeitsverhältnisses ist jeder für sich selbst verantwortlich, wie er Berufliches und Privates trennt, wann er wo wie viel arbeitet und wann es für ihn an der Zeit ist, sich selbst zu schützen und sich zu erholen.

Doch bei aller Digitalisierung bin ich der Überzeugung, dass ein Sektor in den nächsten Jahren exponentiell wachsen und niemals aussterben wird: der Bereich der persönlichen Pflege in Krankenhäusern und Pflegeheimen.

„ROBOTER ERSETZEN AUCH IN ZUKUNFT KEINE PFLEGEKRÄFTE."

Der Mensch ist und bleibt ein soziales Wesen und wird sich mit der Digitalisierung noch stärker darauf besinnen. Die anfänglich in den Markt drängenden künstlichen Intelligenzen werden wieder durch menschliche Pflegekräfte ersetzt werden. Der Bedarf und der Anspruch werden steigen, aber auch die Bereitschaft der Menschen, darin zu investieren. Der persönliche Faktor in der Kranken- und Altenpflege wird im Jahr 2029 einen sehr viel höheren Stellenwert haben als heute.

Doch am Ende wird die Ausgestaltung der zukünftigen Arbeitswelt von der Frage festgelegt, welche Rolle die Mitbestimmung spielen wird. Es ist keine Frage, dass auch sie sich den veränderten Arbeitsbedingungen anpassen muss. Die Sozialpartnerschaft war und ist seit dem Beginn der ersten industriellen Revolution ein essenzieller Teil der Arbeitswelt.

Auch in Zukunft gilt es, gemeinsam die Arbeitswelt so zu gestalten, dass Arbeitnehmer und Arbeitgeber gestärkt, zukunftssicher und gesund das Arbeitsleben überstehen können. Denn das Ziel von allen Beteiligten wird auch im Jahr 2029 noch dasselbe sein wie heute: Deutschland als Wirtschafts- und Forschungsstandort auch für die Zukunft immer weiter zu stärken und unsere Fachkräfte mit ihren Ideen hier zu halten, sodass unser Land auch in 100 Jahren noch für Innovation und Qualität steht.

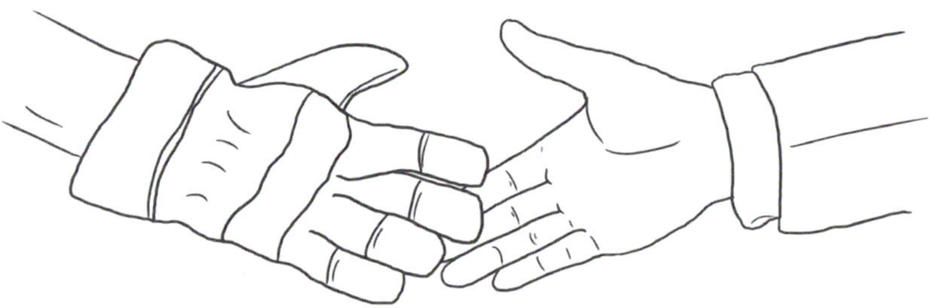

TABEA BURCHARTZ, *1987

Die gebürtige Düsseldorferin absolvierte nach dem Abitur erst eine Ausbildung zur Arzthelferin und schloss eine Ausbildung zur Laborantin bei der Bayer AG an. Dort wurde sie nicht nur Mitglied in der Industriegewerkschaft Bergbau, Chemie und Energie, sondern auch Teil der neu gewählten Jugend- und Auszubildendenvertretung am Standort. Im Jahr 2006 wurde sie in den Betriebsrat gewählt. Seit 2010 ist Tabea Burchartz Mitglied in der CDU und in der Christlich Demokratischen Arbeitnehmerschaft und führt die Junge CDA seit dem Jahr 2014 als Vorsitzende auf Bundesebene und auf Landesebene in NRW an.

ARMUTSBEKÄMPFUNG MANUELA CONTE

UNGLEICHHEIT HAT ENORME FOLGEN

Deutschland gilt heute – statistisch gesehen – als eines der reichsten Länder der Erde. Das Pro-Kopf-Einkommen hat sich in den letzten 25 Jahren auf knapp 40.000 Euro verdoppelt. Aber statistische Werte versperren den Blick auf die Realität. Die Ungleichheit wächst, Einkommens- und Vermögensverteilung laufen auseinander.

Das reichste Prozent der Bevölkerung hierzulande besitzt heute etwa 25 Prozent des gesamten Vermögens, während die unteren 70 Prozent zusammen nur über 10 Prozent verfügen. Gleichzeitig steigt die Armut. Circa 16 Prozent der Bevölkerung erzielen weniger als 60 Prozent des Durchschnittseinkommens, gelten daher als arm oder sind von Armut bedroht. Mehr als 2,5 Millionen Kinder in Deutschland – also fast jedes fünfte Kind – leben mittlerweile in Armut. Der aktuelle Armuts- und Reichtumsbericht der Bundesregierung nennt das „verfestigte Ungleichheit“. Selbst die OECD und der Internationale Währungsfonds warnen inzwischen vor dieser Entwicklung. Denn die Ungleichheit hat Folgen.

Existenzielle Sorgen und fehlende zeitliche Ressourcen blockieren in den ärmeren Teilen der Bevölkerung gesellschaftliches Engagement und Teilhabe am demokratischen Leben. Doch auch diejenigen, die nicht direkt von Armut betroffen sind, blicken heute besorgter in die Zukunft. So geht das Vertrauen in die demokratischen Strukturen verloren. Auch deshalb muss es im Interesse jeder demokratischen Partei sein, Ungleichheit zu bekämpfen und Armut zu vermeiden.

„BILDUNG UND ARBEIT SIND DIE WIRKUNGSVOLLSTEN HEBEL GEGEN ARMUT."

Armut verfestigt sich in der Regel über das Leben. Wer als Kind in armen Verhältnissen aufwächst, hat heute schlechtere Bildungschancen und damit geringere Chancen auf einen guten Job. Wer im Job wenig verdient, bekommt später auch eine niedrigere Rente und wird auf staatliche Unterstützung angewiesen sein. Die Folgen sind gravierend. Daher muss dringend frühzeitig gegengesteuert werden. Gute Bildung und gute Arbeit sind die wirkungsvollsten Hebel gegen Armut. Das Ziel muss daher sein, über Bildungsgerechtigkeit und Bildungsqualität bereits jedem Kind die gleichen Chancen zu ermöglichen.

„ZU EINER GUTEN ARBEIT GEHÖREN AUCH GUTE LÖHNE."

Zu guter Bildung und guter Arbeit gehört auch, dass die Politik stärker regulierend in den Arbeits- und Ausbildungsmarkt eingreift. Jedes Jahr fehlen Tausende attraktive Ausbildungsplätze und nur noch 20 Prozent der Betriebe bilden aus. Studienplätze reichen kaum und die Finanzierung des Studiums ist immer noch abhängig vom Elternhaus. Gerade junge Menschen haben zunehmend Schwierigkeiten, einen guten Arbeitsplatz zu finden, und arbeiten stattdessen prekär, in Leiharbeit, Minijobs oder befristet. Dagegen kann und muss die Politik etwas tun und zum Beispiel die sachgrundlose Befristung abschaffen.

Auch gute Löhne gehören zu einer guten Arbeit, aber immer mehr Arbeitgeber entziehen sich der Tarifbindung. Die guten Tarifabschlüsse der Gewerkschaften zu stärken, muss gemeinsames Ziel von Politik, Arbeitgebern und Gewerkschaften sein. Denn sie sind nicht nur ein Garant für wirtschaftlichen Erfolg, sie wirken auch als Stabilisator in der Gesellschaft. Die Regulierung der Einkommens- und Vermögensverteilung ist allerdings nicht nur Aufgabe der Sozialpartner. Der Staat muss hier ebenfalls aktiv werden. Es braucht eine Veränderung der geltenden Steuerpolitik mit dem schlichten Ziel, den Reichtum im Land auf mehr Menschen zu verteilen und damit die Armut zu bekämpfen.

Damit wir im Jahr 2029 in einem demokratisch gefestigten Land und in einem friedlichen Europa leben können, gehören jetzt Bildungsgerechtigkeit, Bildungsqualität und Verteilungsgerechtigkeit verstärkt in den Mittelpunkt.

MANUELA CONTE, *1982

Bereits während ihrer Ausbildung engagierte sich die gelernte Reiseverkehrskauffrau ehrenamtlich in der Gewerkschaftsjugend. Nach einem gesellschaftspolitischen Studium absolvierte Manuela Conte das Traineeprogramm bei der IG Metall und war danach Jugendsekretärin in NRW und bei der Jungen IG Metall für die strategischen Schwerpunkte der Jugendarbeit verantwortlich. Seit April 2017 ist sie DGB-Bundesjugendsekretärin. Besonders wichtig ist ihr die Bildungspolitik: Gerade die junge Generation müsse sich fit machen können für die Zukunft, und zwar „unabhängig von der Herkunft oder dem Portemonnaie der Eltern“.

RENTE KAI WHITTAKER

MEIN FÜNF-PUNKTE-PLAN FÜR DIE RENTE DER ZUKUNFT

Unser Rentensystem wird in den kommenden Jahrzehnten aufgrund des demografischen Wandels unter Druck geraten. Ob die Renten auch in Zukunft den Lebensstandard absichern können, hängt in hohem Maße davon ab, welche Weichenstellungen die Politik vornimmt. Fünf konkrete Maßnahmen schlage ich vor:

GRUNDRENTE EINFÜHREN

Eine Rente muss mindestens die Altersarmut verhindern. Das ist eine staatliche Aufgabe, die klassisch durch progressive Steuerumverteilung erreicht wird. Deshalb sollten wir in Deutschland eine steuerfinanzierte Grundrente einführen. Diese Rente soll jede Person in Deutschland bekommen, die sich seit mindestens 35 Jahren in unserem Land aufhält. Anstatt wie bisher die Grundsicherung im Alter über die kommunalen Sozialämter auszubezahlen, sollte die Deutsche Rentenversicherung

(DRV) diese Aufgabe übernehmen. Damit wird eine gefühlte Zwei-Klassen-Rente abgeschafft. Weitere Leistungen, die versicherungsfremd sind, können über diese Grundrente ausbezahlt werden.

UMLAGEFINANZIERTE ALTERSRENTE UMGESTALTEN

Neben der steuerfinanzierten Grundrente soll es weiterhin eine umlagefinanzierte Altersrente geben. Sie wird zusätzlich auf die steuerliche Grundrente gesattelt. So verhindern wir Verrechnungs- und Abgrenzungsprobleme, die wir heute bei der gesetzlichen Rente und der Grundsicherung im Alter haben. Außerdem garantiert dieses Modell, dass sich Leistung durch Arbeit wirklich lohnt, weil die Rente mit jedem Arbeitsjahr erhöht wird. Das ist im heutigen Modell nicht der Fall, bei dem man eine Mindestanzahl von Beitragsjahren braucht, um über das Niveau der Grundsicherung zu kommen. Allerdings muss der Rentenwert pro Punkt deutlich geringer sein als heute, damit die umlagefinanzierte Rente ausschließlich durch Arbeitgeber und Arbeitnehmer finanziert werden kann.

KAPITALGEDECKTE BONUSRENTE EINFÜHREN

Die kapitalgedeckte Altersvorsorge spielt in Deutschland traditionell keine tragende Rolle. Dieser Umstand soll mit der Einführung eines freiwilligen Standardproduktes behoben werden. Nach dem Vorbild des Deutschlandsfonds (Vorschlag aus Hessen) soll ein einfaches Produkt dazu führen, dass möglichst viele Bürger am Kapitalertrag teilhaben. Dadurch lassen wir die Arbeitnehmer auch an der Kapitalentwicklung des Landes teilhaben.

Gleichzeitig sollten wir, wie in anderen EU-Ländern bereits geschehen, eine verpflichtende Betriebsrente mithilfe eines Opt-out-Modells einführen. Konkret bedeutet dies, dass jeder Arbeitnehmer automatisch eine Betriebsrente bekommt – es sei denn, er entscheidet sich aktiv dagegen. In unseren Nachbarländern hat diese Maßnahme dazu geführt, dass weit über 90% der Arbeitnehmer einen Anspruch auf Betriebsrente besitzen.

SELBSTSTÄNDIGE IN DER DEUTSCHEN RENTENVERSICHERUNG ABSICHERN

Infolge der Digitalisierung wird der Anteil der selbstständig Tätigen in den kommenden Jahrzehnten sprunghaft ansteigen. Ein Teil dieser Personengruppe ist in besonderem Maße von Altersarmut bedroht. Vor diesem Hintergrund sollen Selbstständige genauso wie Arbeitnehmer in der Deutschen Rentenversicherung abgesichert werden.

MEHR TRANSPARENZ HERSTELLEN

Die skandinavischen Länder sind ein Vorbild bei der Transparenz in der Altersvorsorge. Dort bekommen die Arbeitnehmer regelmäßig verschiedene Szenarien zu ihren künftigen Rentenansprüchen zugesandt. Hiermit können die Arbeitnehmer ihre Rentenansprüche bei verschiedenen Renteneintrittszeitpunkten nachvollziehen. In Deutschland sollte die gleiche Praxis eingeführt werden.

KAI WHITTAKER, *1985

Kai Whittaker trat 1999 der Jungen Union bei und ist seit dem Jahr 2013 direkt gewählter Abgeordneter des Deutschen Bundestages, wo er als Mitglied im Ausschuss für Arbeit und Soziales fungiert. Er ist innerhalb der CDU/CSU-Bundestagsfraktion als Experte für die Themen Arbeiten 4.0 sowie Hartz IV tätig. Vor seiner Wahl in den Deutschen Bundestag arbeitete der studierte Volkswirt (University of Bristol, London School of Economics and Political Science) als Assistent der Geschäftsleitung in zwei internationalen Unternehmen (Leoni AG in Roth bei Nürnberg sowie Herrenknecht AG bei Lahr).

STEUERN JENS SPAHN

DER SPITZENSTEUERSATZ IST NICHT ZEITGEMÄSS

Steuern sind ein Leib- und Magenthema der Deutschen. Und noch mehr natürlich die Frage, wie man sie am besten vermeidet. Bis zum Jahr 2030 wollen wir diesen Volkssport abschaffen, indem wir ein faires und transparentes Steuersystem etablieren, das eine hohe Akzeptanz besitzt. Dazu gehört auch die Ausgabenseite: Investitionen in Bildung, Infrastruktur, Breitband und Sicherheit dürften mehr Unterstützung finden als ständig steigender Konsum in der Gegenwart.

Wir haben etwas geschafft, das niemand für möglich gehalten hat: Nach 45 Jahren steigender Schuldenlast haben wir seit 2014 jedes Jahr einen Haushalts-Überschuss erwirtschaftet. Das ist einmalig. Gleichzeitig können wir dank Rekordsteuereinnahmen jedes Jahr mehr ausgeben. Nun weiß jeder, dass nach guten Jahren auch wieder schlechte kommen. Deshalb müssen wir uns anstrengen, damit es auch in zehn und in zwanzig Jahren noch gut läuft. Dazu gehört eine ehrliche Debatte darüber, was der Staat auf Dauer leisten kann – und mit Blick auf die freie Entfaltung der Bürger überhaupt leisten soll.

Drei großen Herausforderungen müssen wir in den nächsten zwanzig Jahren bewältigen: erstens den demografischen

Wandel, der weiter steigende Ausgaben für die sozialen Sicherungssysteme mit sich bringt; zweitens die Digitalisierung mit ihren umwälzenden Auswirkungen auf die Arbeitswelt; drittens die Frage, wie wir die Finanzierung von Gegenwartsaufgaben mit Investitionen für eine gute Zukunft unseres Landes in Einklang bringen können.

„WIR WOLLEN DIE MITTE ENTLASTEN."

In Deutschland werden in den kommenden Jahren wahnsinnig große Vermögenswerte vererbt. Ich finde es legitim, zu fragen, ob wir mit einer höheren steuerlichen Belastung von Erbschaften gezielt in bessere Bildungschancen investieren können. Gerade Kinder, die zu Hause keiner unterstützen kann oder will, haben nur mit guter öffentlicher Bildung eine faire Chance im Leben.

In den kommenden Jahren sollten wir uns auf eine Selbstverpflichtung verständigen, wie wir sie mit der Schuldenbremse schon einmal geschaffen haben. Im Sinne der hart arbeitenden Menschen müssen wir jedes Jahr erneut überprüfen, wie wir Steuern senken können, indem wir regelmäßig Ausgaben, insbesondere Subventionen und Sozialleistungen, auf ihre Sinnhaftigkeit überprüfen und im Zweifel zurückfahren, umbauen oder streichen. Bislang gilt leider meist die Regel: Einmal eingeführt, nie mehr abgeschafft. Davon müssen wir weg. Die Staatsquote muss dauerhaft spürbar unter 50 Prozent bleiben. Nur so erhalten wir auch künftig die Freiheit, die Innovationen und Wohlstand schafft. Das gilt gleichermaßen für das Individuum: Der Spitzensteuersatz ab einem Einkommen von 53.000 Euro ist nicht mehr zeitgemäß. Diese Grenze wollen und werden wir kurzfristig erhöhen. Wir wollen die Mitte entlasten.

Angesichts dieser Herausforderungen bleibt die Idee der Steuererklärung auf dem Bierdeckel ein schöner Traum. Wir werden uns ihm nur schrittweise nähern können. Eine vereinfachte Umsatzsteuer bis zum Jahr 2030 wäre da schon eine kleine Jahrhundertreform. Ein einheitlicher Steuersatz auf alle Produkte und Dienstleistungen (und nur für Lebensmittel, Medikamente und Medien ein ermäßigter) – daran möchte ich in den nächsten Jahren kräftig mitarbeiten.

„WIR MÜSSEN FÖDERALES KOMPETENZGERANGEL ÜBERWINDEN."

Die digitalisierte Steuererklärung muss im Jahr 2030 hingegen Alltag sein. Eine App fasst Einnahmen, Einkünfte und Belege schnell zusammen, übermittelt sie ans Finanzamt – man sieht sofort, wie hoch die Steuerbelastung ist. Auch für die Unternehmens- und viele andere Steuerarten ist die digitale Abwicklung eine enorme Erleichterung. Diese pragmatische Lösung wird nicht an den Finanzämtern scheitern, die für einfachere Verfahren sind. Vielmehr müssen wir endlich unsere Datenschutzhysterie und das föderale Kompetenzgerangel überwinden.

Das alles wird nur mit Disziplin und Augenmaß funktionieren. Ein klug ausgestaltetes und leistungsorientiertes Steuersystem ist eine wesentliche Grundlage, damit unser Staat auch weiterhin handlungsfähig bleibt und verlässlich für sozialen Ausgleich, Infrastruktur, Bildung und Sicherheit sorgen kann.

JENS SPAHN, *1980

Der ausgebildete Bankkaufmann Jens Spahn studierte an der Fernuniversität Hagen Politikwissenschaft. 1995 trat er der Jungen Union, 1997 der CDU bei. Seit 2002 ist er direkt gewählter Abgeordneter für den Wahlkreis Steinfurt I – Borken I im Deutschen Bundestag. Von 2009 bis 2013 war Spahn gesundheitspolitischer Sprecher der Unionsfraktion, seit 2015 ist er parlamentarischer Staatssekretär im Finanzministerium und seit 2014 Mitglied im Präsidium der CDU Deutschlands. Im Herbst 2015 gab er das Buch „Ins Offene" heraus und veröffentlichte 2016 gemeinsam mit zwei Medizinern das Buch „App vom Arzt".

DIGITALE AGENDA

DATENSCHUTZ UND URHEBERRECHT STEFAN HECK

DATEN SIND WIRTSCHAFTS-FAKTOREN

Datenschutz und Urheberrecht werden mittlerweile häufig in einem Atemzug genannt. Dies ist keine Selbstverständlichkeit, sondern bedingt durch die fortschreitende Digitalisierung. Datenschutz und Urheberrecht bilden hier eine neue Schicksalsgemeinschaft: Sie bestimmen die europäische Strategie für einen digitalen Binnenmarkt.

Charakteristisch für den Datenschutz im ursprünglichen Sinn bleibt die Abwehr unberechtigter Zugriffe. Der Einzelne soll vor einer unkontrollierten Verarbeitung seiner personenbezogenen Daten geschützt werden. Hier müssen wir weiter aufklären und ein Bewusstsein für die vielfältigen Möglichkeiten der Nutzung personenbezogener Daten und der damit verbundenen Gefahren schaffen. Darüber hinaus bringt es die Digitalisierung mit sich, dass der Schutz von Daten heute auch unter einem anderen Gesichtspunkt diskutiert wird: Daten sind Produkte und Wirtschaftsfaktoren. Sie gelten heute bereits als „Währung". Die Preisgabe unserer Daten ist Voraussetzung und Gegenleistung für die Inanspruchnahme einer Vielzahl von Diensten.

Zukunftsfähig werden wir nur sein, wenn wir beide Fragen lösen – die des effektiven Schutzes personenbezogener

Daten und die der Zuordnung von Daten als Produkt. Hier wie dort sind wir gefordert, die notwendigen Anpassungen vorzunehmen und gleichzeitig einen europaweit einheitlichen Ordnungsrahmen zu schaffen, der uns wettbewerbsfähig und erfolgreich im Markt stehen lässt. Denn im Jahr 2029 wird die Industrie 4.0 gelebte Wirklichkeit sein. Deshalb müssen wir möglichst bald Antworten auf die ordnungspolitische Frage nach dem „Recht an Daten" gefunden haben. Die Grundlage für die Vereinheitlichung des Datenschutzes ist mit der EU-Datenschutzgrundverordnung gelegt – ein erster richtiger Schritt, dem aber weitere folgen müssen. Diese Verordnung birgt mit ihren zahlreichen Öffnungsklauseln das Risiko einer Fragmentierung und muss daher mit besonderer Sorgfalt behandelt und umgesetzt werden.

„DIE NUTZUNG FREMDEN GEISTIGEN EIGENTUMS DARF KEINE SELBSTVERSTÄNDLICHKEIT WERDEN."

Während der wirtschaftliche Wert von Daten heute unbestritten ist und diese als ein zentrales Wirtschaftsgut des 21. Jahrhunderts gelten, sieht das geistige Eigentum seinen Wert durch die Digitalisierung immer häufiger infrage gestellt. Die Digitalisierung hat vielerorts den Anspruch auf freien und kostenlosen Zugang zu Inhalten hervorgerufen. Freier Informationsaustausch und Open-Access-Modelle haben in unserer Rechtsordnung zwar ihre Berechtigung, sie dürfen aber nicht dazu führen, dass die kostenlose Nutzung fremden geistigen Eigentums als selbstverständlich und Ansprüche von Urhebern als veraltet und überholt gelten. Wir müssen deshalb dafür Sorge tragen, dass geistiges Eigentum auch in der digitalen Welt beachtet und durchgesetzt werden kann.

„WIR WERDEN EINEN HARMONISIERTEN ORDNUNGSRAHMEN HABEN."

Lizenzsysteme und neue Geschäftsmodelle werden ein Schlüssel dabei sein, dass Urheber und Kreative als Ursprung der Wertschöpfungskette angemessen Beachtung finden. Denn Vielfalt von Inhalten braucht Anreize und diese gründen auf Wertschöpfung. Nur eine ausgewogene, aber konsequente Regulierung kann den Interessenkonflikt zwischen Urhebern, Intermediären und Nutzern auflösen.

Auch im Urheberrecht dürfen wir nicht ausschließlich national denken. Entscheidend werden die Entwicklungen auf EU-Ebene sein. Ohne eine Harmonisierung und Vereinheitlichung ist ein umfassender Schutz von Urhebern nicht denkbar. Im Jahr 2029 werden wir hier schon einen großen Schritt weiter sein: Wir werden einen harmonisierten Ordnungsrahmen haben, der uns auf internationalem Parkett konkurrenzfähig macht. Denn Europa steht vor der Herausforderung, sich als kultureller und digitaler Wirtschaftsstandort zu beweisen und die Digitalisierung aktiv mitzugestalten.

STEFAN HECK, *1982

Stefan Heck wurde nach seinem Abitur an der Stiftsschule St. Johann Amöneburg und seinem Wehrdienst zum Reserveoffizier ausgebildet. Von 2003 bis 2007 studierte er Rechtswissenschaften in Marburg, Krakau und Speyer. Der Landesvorsitzende der Jungen Union Hessen zog 2013 erstmals für die hessische CDU in den Deutschen Bundestag ein. Seitdem sitzt er als ordentliches Mitglied für die CDU/CSU-Fraktion in den Ausschüssen für Recht und Verbraucherschutz sowie für Wahlprüfung, Immunität und Geschäftsordnung. Im Dezember 2016 wurde Dr. Stefan Heck in den Bundesvorstand der CDU Deutschlands gewählt.

DIGITALE BILDUNG LENA-SOPHIE MÜLLER

OHNE DIGITAL-KOMPETENZEN NAHT DER ABGRUND

Ich gebe zu, der Titel klingt reißerisch. Aber wir sehen schon heute, dass die mittelmäßigen Digitalkompetenzen der deutschen Bevölkerung ein Problem sind.

Diese sind notwendig, um Chancen für sich zu erschließen und Risiken zu erkennen, also selbstbestimmt in einer digitalisierten Welt handeln zu können. 26 Prozent unserer Bevölkerung gehören zu den „digital Abgehängten“: 18 Mio. Menschen, die über kaum oder sehr wenige Digitalkompetenzen verfügen. Das bedeutet, sie verstehen das Internet und seine Technologien kaum oder gar nicht und wissen es nicht für sich zu nutzen. Man kann sich das so vorstellen, dass diese Menschen auf einer analogen Eisscholle sitzen, die nach und nach dahinschmilzt. Dies führt zunehmend zu Defiziten in der demokratischen und gesellschaftlichen Teilhabe. Außerdem laufen wir als Gesellschaft Gefahr, international in vielen Belangen unsere Vorreiterrolle oder gar ganz den Anschluss zu verlieren. Ich möchte gerne aufrütteln, denn wir bemerken diese Probleme bereits, aber noch immer steuern wir nicht geschlossen und beherzt dagegen.

„MEINUNGSBILDUNG FINDET GROSSTEILS IM INTERNET STATT.“

Wir brauchen dringend und umgehend eine digital kompetentere Bevölkerung. Aber was verstehen wir eigentlich unter „Digitalkompetenzen“? Sich digitale Informationen erschließen und diese bewerten zu können. Mithilfe von Technologien und mit guten Umgangsformen zu kommunizieren sowie Inhalte selbst zu erstellen. Ebenso mit einem sicheren Gefühl mit dem Digitalen umzugehen, sowohl was die eigenen Geräte und Daten, aber auch die Gesundheit angeht. Sowie technische Probleme lösen zu können und Technologien für die Problemlösung zu nutzen. All das gehört heute zum Lebensequipment. Und damit wird deutlich, das sind keine Kompetenzen, die nur für die Schule oder das Berufsleben benötigt werden. Vielmehr sind sie notwendig, um insgesamt gut durch das Leben zu kommen. So ist bspw. aus den aktuellen Diskussionen um Fake-News und Filterblasen zu erkennen, dass Digitalkompetenzen inzwischen sogar wichtig sind für unsere Demokratie.

„NUTZUNGSHÄUFIGKEIT SAGT NICHTS ÜBER DIE QUALITÄT.“

Meinungsbildung findet heute zum großen Teil im Internet statt. Durch das Internet ist das Wissen der Welt in Sekundenschnelle und vollumfänglich verfügbar. Doch welcher Aussage kann ich trauen? Welche Quelle ist verlässlich? Bin ich bemüht, mir einen umfassenden Eindruck zu bilden, und hinterfrage ich kritisch? Oder verlasse ich mich – durchaus unbewusst – auf die Meldungen und Meinungen, die mir Algorithmen in den sozialen Netzwerken vorauswählen?

Digitale Kompetenzen früh und umfassend zu erlernen, ist auf vielen Ebenen eine Notwendigkeit. Inzwischen zeigt sich nämlich, dass die jungen Generationen nicht wie erwartet automatisch in die Anforderungen hineinwachsen. Die Häufigkeit der Nutzung sagt nichts über ihre Qualität und ihren Facettenreichtum aus. Der Erwerb digitaler Kompetenzen müsste somit idealerweise beginnen, sobald Kinder mit digitalen Medien in Kontakt kommen. Und das ist in der Regel sehr früh, da die meisten Menschen im kindlichen Umfeld mit Smartphone und Co. hantieren. Hier heißt es, Aufklärung leisten und Vorbild sein. Wie bei roten Ampeln, unbekannten Beeren, Tischmanieren und beim Umgang mit anderen Menschen.

Zwingend aber müssen Digitalkompetenzen Bestandteil der Schulbildung sein. Schulen haben den Auftrag, junge Menschen bestmöglich auf das Leben vorzubereiten, sie unabhängig und weitgefächert zu bilden, Kompetenzen erwerben zu lassen und ihnen zu erlauben, sich in einem geschützten Raum auch zu erproben oder gar Fehler machen zu dürfen. Wenn dies die höchste Prämisse ist, wieso halten wir dann weiterhin an einem veralteten Bildungssystem fest und führen ideologische Diskussionen?

„DIGITALE BILDUNG IST ALSO EINE TRAGENDE SÄULE."

Wenn junge Menschen momentan nicht das Glück haben, digitalkompetente Eltern und/oder Lehrkräfte zu haben, verlassen jedes Jahr Generationen von Schülerinnen und Schülern die Schulen, ohne wirklich auf das Leben in einer digitalisierten Welt vorbereitet zu sein. Digitale Bildung ist also eine tragende Säule für unsere weitere Zukunft, die – mit dem richtigen Einsatz – auch weiterhin eine erfolgreiche sein wird.

LENA-SOPHIE MÜLLER, *1983

Nach dem Abitur studierte Lena-Sophie Müller Politikwissenschaften in Sydney und Potsdam. Seit 2008 arbeitete sie als Wissenschaftlerin am Fraunhofer-Institut FOKUS in Berlin und hat dort zahlreiche Verwaltungsmodernisierungs- und E-Government-Projekte mit der Industrie und der öffentlichen Verwaltung auf EU-, Bundes-, Landes- und Kommunalebene geleitet. Ab 2010 verantwortete sie dort auch das Zentrum für Interoperabilität. Lena-Sophie Müller ist seit 2014 Geschäftsführerin des gemeinnützigen Vereins Initiative D21 e.V., die größte gemeinnützige Partnerschaft von Wirtschaft und Politik für die digitale Gesellschaft.

INFRASTRUKTUR DOROTHEE BÄR

DEUTSCHLAND WIRD 2029 PERFEKT VERNETZT SEIN

Als das Internet noch neu und ein rein innenpolitisches Thema war und als manche dachten, Dinge, die „im Internet geboren“ waren, würden entweder bald wieder verschwinden oder sich grundsätzlich in einem „rechtsfreien Raum“ befinden, da gab es von der CSU ein kleines und doch nicht wenig beachtetes Papier mit einem netzpolitischen Motto: „In Freiheit und Fairness.“

Für die jüngeren Leserinnen und Leser: Unter „Netzpolitik“ bezeichnete man damals alles, was wir heute unter dem selbstverständlichen Bereich der „Digitalisierung“ verstehen.

„OHNE DIE SCHNELLSTE LEITUNG IST ALLES NICHTS.“

Das Motto „In Freiheit und Fairness“ sollte bei aller Berücksichtigung von Risiken, die immer mit einem Wandel von Verhältnissen und Gegebenheiten einhergehen, vor allem die Chancen und Möglichkeiten des technologischen Fortschritts in den Fokus rücken. Wir wollten, dass alle Menschen in unserem Land dazu bemächtigt würden, diese Chancen und Möglichkeiten für sich zu nutzen.

Dieses Motto gilt noch immer, und neben diversen rechtlichen Fragen und einer umfassenden Bildung in Sachen der Mediennutzung spielt eine Komponente eine ganz wesentliche – ja, die alles entscheidende Rolle in der Entwicklung jener von uns zu prägenden digitalen Gesellschaft: die digitale Infrastruktur.

Für die Bundesregierung ist diese Komponente so wichtig, dass sie nicht nur prominent im Koalitionsvertrag oder in Gesetzesentwürfen auftaucht, sondern ein eigenes Haus inklusive der entsprechenden Nomenklatur für sich beanspruchen darf.

Als Parlamentarische Staatssekretärin in jenem Haus, dem Bundesministerium für Verkehr und digitale Infrastruktur, darf ich behaupten, dass wir das Land in den vergangenen Jahren auf den Weg, voran und Richtung Zukunft gebracht haben, wo wir zuvor noch erheblichen Nachholbedarf feststellen mussten.

Heute stehen wir mit dem dynamischsten Ausbau Europas kurz davor, unser bis zum Jahr 2018 erklärtes Ziel eines flachendeckenden, leistungsfähigen Internets in ganz Deutschland erreicht zu haben, und wissen dabei auch, dass dies nicht die finale Ziellinie ist, sondern eine Wegmarke hin zu einer immer besseren Infrastruktur, die einer immer größeren und schneller zu verarbeitenden Datenmenge nicht hinterherläuft, sondern sie mit offenen Armen vom Siegerpodest des internationalen Wettbewerbs aus empfängt.

„DAS FUNKLOCH FINDEN WIR NUR NOCH IN DEN GESCHICHTSBÜCHERN."

Im Jahre 2029 werden wir viele Themen, die uns heute unter den Nägeln brennen, nicht mehr diskutieren. Der Breitbandausbau wird dazugehören, weil es selbstverständlich sein wird, dass man immer und überall Netz hat. Das Funkloch wird seinen Platz in den Stilblüten unserer Geschichtsbücher finden und die Menschen werden Shirts (oder besser: Wearables) tragen, auf denen der Spruch „Internet und W-Lan-Passwort: Unsere Kinder werden den Zusammenhang nie verstehen" zu lesen sein wird.

Unsere Autos fahren dann selbst und die Unfallstatistik wird zu einem noch immer bedauerlichen, aber im Vergleich zu heute kümmerlichen Wurmfortsatz der Polizeiberichte verkommen sein.

Die Gleichwertigkeit der Lebensverhältnisse in Stadt und Land wird nicht mehr nur in der Verfassung und in Positionspapieren stehen, sondern gelebte Realität sein, weil kleine und mittelständische Unternehmen ebenso wenig in die Metropolregionen oder ins Ausland ziehen müssen wie Nachwuchskräfte und junge Familien.

Intelligente Systeme unterstützen im Bereich Gesundheit vor allem ältere Menschen und ermöglichen eine angemessene Pflege für Angehörige.

Die Liste der Möglichkeiten ist lang und sicher an anderer Stelle in diesem Buch ausführlicher nachzulesen.

Doch all jenes, das wir für das Jahr 2029 heute schon sehen, noch eher unscheinbar erahnen oder vielleicht auch noch gar nicht träumen können, wäre nicht möglich ohne eine moderne digitale Infrastruktur.

Deutschland 2029 ist digital, es ist vernetzt und es ist frei und fair.

DOROTHEE BÄR, *1978

Geprägt durch das politische Interesse ihrer Familie, trat die gebürtige Bambergerin mit 14 Jahren der Jungen Union und später der Mutterpartei CSU bei. Nach ihrem Studium in München engagierte sie sich bayernweit als Landesvorsitzende des RCDS. 2001 wurde Bär Mitglied im CSU-Parteivorstand, 2002 folgte die Wahl in den Deutschen Bundestag. Von 2009 bis 2013 war Bär stellvertretende Generalsekretärin und Sprecherin für die CDU/CSU-Bundestagsfraktion für den Bereich Familie, Senioren, Frauen und Jugend. Seit 2013 ist sie Staatssekretärin beim Bundesministerium für Verkehr und digitale Infrastruktur.

GESUND-
HEITS-
WESEN

MEDIZINISCHE VERSORGUNG DR. GOTTFRIED LUDEWIG

ZUKUNFT GESUNDHEIT: SCHNELLER, NÄHER, EINFACHER

Es ist das Jahr 2030: Deutschland hat den Brustkrebs besiegt. Forschende Arzneimittelunternehmen haben mit Start-ups eine Therapie entwickelt, die Millionen Frauen heilen kann. Wesentlich unterstützt hat sie dabei die internationale Krebsdatenbank.

Die Vernetzung unter ausgewiesenen Fachärzten und eine permanent aktualisierte Datenbank waren der Schlüssel zu diesem Erfolg. Und die Krebsdatenbank ist nur eines von vielen globalen Projekten, die Deutschland vorantreibt, um die Heilungschancen von Menschen zu erhöhen.

„ÜBERFÜLLTE WARTEZIMMER SIND VERGANGENHEIT."

Über die Sicherheit unserer Gesundheitsdaten müssen wir uns keine Sorgen mehr machen. Die digitale Datenautobahn ist längst fertiggestellt. Patientendaten sind auf Servern gesichert, ihr

Austausch funktioniert unkompliziert, ob unter Ärzten, Patienten und Ärzten oder mit der Krankenkasse. Wer Zugriff auf unsere Daten hat, bestimmen wir selbst über das Onlineportal oder per App. Überfüllte Wartezimmer und langes Warten sind Vergangenheit. In dringenden Fällen klären wir über Smart-SMS direkt mit dem Arzt, ob ein Besuch notwendig ist oder ob ein Videochat mit Aufnahme der Vitaldaten genügt. Rezepte bekommen wir als QR-Code online zugesendet. Pinke oder grüne Papierzettel sieht man nirgends mehr. Das Medikament erhalten wir über den QR-Code oder die Gesundheitskarte am Terminal in der Apotheke. Nach dem Scanvorgang spuckt es die Medizin aus. Bei Fragen zum Medikament können wir einen Apotheker rund um die Uhr von überall in Deutschland online kontaktieren. Gut zehn Minuten dauert es von der Anamnese bis zu dem Moment, in dem wir das Medikament in der Hand halten. Das ist digitaler Fortschritt.

„MEDIZIN IST MASSGESCHNEIDERT UND INDIVIDUALISIERT."

Apotheker und Ärzte sind keineswegs überflüssig. Weil viele Prozesse online erfolgen, haben sie mehr Zeit für ihre Patienten. Sie sind umfassend über die Krankheitsgeschichte informiert und kennen die neuesten Therapiemöglichkeiten. Sie beraten gemeinsam, wie uns am besten geholfen werden kann. Medizin ist maßgeschneidert und individualisiert. Davon profitieren nicht nur wohlhabende Privatpatienten, sondern jeder Einzelne. „Zeit ist Geld" gilt auch im Gesundheitsbereich. Da die Telemedizin viele Prozesse vereinfacht und beschleunigt hat, sind die Kosten für das Gesundheitswesen enorm gesunken. Die Krankenkassen verfügen über ausreichend Geld, um die Wohnungen älterer Menschen präventiv mit sensorgestützten Assistenzsystemen auszustatten. Immer weniger Menschen werden im Heim gepflegt. Es gibt genügend Pflegefachkräfte für die ambulante Versorgung – der Traum vom Altwerden in den eigenen vier Wänden ist Wirklichkeit.

Klingt wie eine Utopie? Das ist es nicht. Als ich vor ein paar Jahren zum ersten Mal von der Smart Contact Lens von Google und Novartis las, konnte ich kaum glauben, wie einfach und verlässlich eine Kontaktlinse über die Tränenflüssigkeit den Blutzucker von Diabetes-Patienten messen und kontrollieren kann.

Den Gang zum Hautarzt können sich heute Patienten in vielen Fällen sparen. Die Hautarzt-App „Klara" übernimmt die Erstdiagnose. Über sie kann ich dem Spezialisten ein Foto der Hautveränderung schicken. Seine schnelle Einschätzung hilft mir, zeitnah richtig zu handeln.

Ein Telemedizin-Projekt der Charité zeigt, dass Herzinsuffizienz-Patienten via Telemonitoring qualitativ besser betreut werden: Statt einmal die Woche untersucht zu werden, gibt es einen kontinuierlichen Austausch der Werte. Notfälle werden früher erkannt und ermöglichen ein rechtzeitiges Eingreifen.

„DIE MOMENTANE INVESTITIONSQUOTE FÜR IT LÄUFT UNTER ‚FERNER LIEFEN'."

Dänemark verdeutlicht uns heute, was Gesundheits-IT-Infrastruktur kann: Das schnelle Einholen von Zweitmeinungen, der präzise, rasche Zugriff auf die Ergebnisse der Diagnostik sind dort Alltag. Sowohl Kliniken als auch der Staat investieren jährlich Milliardenbeträge in den Ausbau der Klinik-IT. Die Investitionsquote deutscher Krankenhäuser für IT läuft dagegen unter „ferner liefen".

Die Zukunft hat schon begonnen. Es stünde Deutschland, einer der reichsten Industrienationen der Welt mit einer überproportional alternden Gesellschaft, gut zu Gesicht, die Chancen von eHealth zu nutzen, weiter voranzutreiben und Gesundheitsgeschichte zu schreiben. Gehen wir es an!

DR. GOTTFRIED LUDEWIG, *1982

Nach seinem Studium der Volkswirtschaftslehre in Berlin und Rom promovierte Dr. Gottfried Ludewig im Bereich Gesundheitsökonomik. Seit 2011 fungiert er als gesundheitspolitischer Sprecher, seit 2014 auch als stellvertretender Vorsitzender der CDU-Fraktion im Berliner Abgeordnetenhaus. Zudem verantwortet er seit 2015 als Koordinator den Austausch der gesundheitspolitischen Sprecher der CDU/CSU-Landtagsfraktionen. Die Stärkung der Gesundheitsversorgung durch die Förderung der Digitalisierung des Gesundheitswesens sowie des internationalen Forschungsstandorts Berlin ist eines seiner Kernthemen.

PFLEGE EMMI ZEULNER

OB WIR ES SCHAFFEN, ENTSCHEIDET SICH JETZT

Pflege 2029 – heißt das: Der ländliche Raum wie ausgestorben und die Ballungszentren mit Pflegeangeboten überladen? Der Patient über Computer und Pflegeroboter vollüberwacht in Heimen? Wenn es nach mir geht, dann heißt es das nicht.

Ich sehe für die Pflege 2029 das Modell einer sorgenden Gesellschaft, in der Städte und Gemeinden, Nachbarschaften und Familien generationsübergreifend neue Formen sozialer Verantwortung entwickeln. Nicht mehr das klassische Heim als Mittelpunkt des Alters, sondern vielmehr neue Wohnformen mit einem umfassenden Versorgungsangebot im Alltag. Ziel muss es sein, dass wir die Sorgfalt, die wir beim Beginn eines Lebens in die Versorgung legen, auch am Ende des Lebens walten lassen.

Wir haben derzeit knapp 2,9 Millionen Pflegebedürftige. Schätzungen zufolge wird sich diese Zahl bis zum Jahr 2030 etwa um 50 Prozent erhöhen. Dabei spielt der demografische Wandel eine entscheidende Rolle. Wenn wir es nicht schaffen, den ländlichen Raum zu stärken und die richtigen Weichen zu stellen, um die jungen Menschen und Familien auf dem Land zu halten, werden wir auch die Probleme der

Pflege nicht lösen können. Nur, wenn wir hier Arbeitsplätze schaffen und die Infrastruktur stärken, können wir die Familienverbünde zusammenhalten. Nur dann kann es uns gelingen, für die Pflegebedürftigen ihr gewohntes Umfeld zu erhalten und den natürlichen Zusammenhalt und das Verantwortungsgefühl zwischen den Generationen zu festigen.

„PFLEGE MUSS MIT FAMILIE UND BERUF VEREINBAR SEIN."

Ein wichtiger Baustein hierbei ist die Tagespflege. Wenn wir es schaffen, die Vereinbarkeit von Familie, Arbeit und Pflege auf sichere Beine zu stellen, können wir die Pflege zukunftsfähig machen. Denn Pflege ist mehr als die reine pflegerische Versorgung. Pflege ist die Unterstützung in der Lebensgestaltung und im Alltag – gerade auch durch das direkte soziale Umfeld.

Wichtig ist es, dass wir Lösungen vor Ort schaffen. Wir müssen die kommunalen Kompetenzen und das Quartiersmanagement fördern. Durch das Pflegestärkungsgesetz III haben wir das Angebot bereits vor Ort ausgebaut und gestärkt. Hürden müssen beseitigt und der Zugang muss erleichtert werden, denn nur so kommen die politischen Weichenstellungen bei den Betroffenen an. Das muss unser Ziel sein: Politik, die unmittelbar wirkt, unmittelbar ansetzt und unmittelbar hilft. Das bedeutet, auch denen zu helfen, die die unerlässliche Säule der Pflege sind: unseren Pflegekräften. Infolge des Anstiegs der Pflegbedürftigen wird bis zum Jahr 2030 ein Mangel von 200 000 Pflegekräften prognostiziert. Die Nachfrage bei den Ausbildungsplätzen wächst derzeit, aber es gilt auch, diesen Nachwuchs zu halten und so auszubilden, dass er den kommenden Aufgaben gewachsen ist. Wir müssen die richtigen Bedingungen für die wertvolle Arbeit schaffen: gerechtere Löhne, bessere Arbeitszeiten und bürokratische Entlastung.

„WIR BRAUCHEN MEHR GENERATIONENGERECHTIGKEIT IM BEITRAGSSYSTEM."

Doch ohne finanzielle Basis lässt sich ein Sozialsystem nicht tragen. Für diese Basis sorgt der Pflegevorsorgefonds. Mit diesem bauen wir für die Zeit ab 2035 vor, wenn die sogenannten Babyboomer ins typische Pflegealter kommen. Seit dem Jahr 2015 werden 0,1 Prozent des Pflegebeitrags zum Aufbau dieser Rücklage verwendet. Der Fonds sorgt für stabile Beiträge, belastet die junge Generation nicht über Gebühr und sorgt so für mehr Generationengerechtigkeit im Beitragssystem.

Pflege darf nicht an den Rand der Gesellschaft gedrängt werden, sondern muss in der Mitte der Gesellschaft stattfinden. Es geht um gelebte Solidarität in der Gesellschaft, aber auch um eine sozialstaatliche Absicherung der Risiken. Wir müssen menschlich und rechtlich die Basis für eine gute Pflege schaffen – über das Jahr 2029 hinaus. Es gilt, die begonnenen Reformen umzusetzen und zu prüfen, ob wir die richtigen Stellschrauben gedreht haben und wo wir unter Umständen nachjustieren müssen. Dabei ist auch unser Mut gefordert, mögliche Fehlentwicklungen aufzudecken und diese aktiv anzugehen. Das sollte eine Eigenschaft sein, die wir weiterentwickeln müssen und die auch noch im Jahre 2029 genauso aktuell sein wird, wie sie es immer schon war.

EMMI ZEULNER, *1987

Die examinierte Gesundheits- und Krankenpflegerin wuchs im 40-Seelen-Dorf Degendorf bei Lichtenfels in Oberfranken auf. Ihre erste „politische Schule" war der Stammtisch des Dorfgasthauses. Mit 21 Jahren wurde Emmi Zeulner in den Stadtrat und Kreistag Lichtenfels gewählt und studierte von 2011 bis 2013 European Economic Studies an der Otto-Friedrich-Universität in Bamberg. Seit 2013 ist sie direkt gewählte Bundestagsabgeordnete (CSU). Emmi Zeulner ist Mitglied im Gesundheitsausschuss des Deutschen Bundestags sowie stellvertretende Vorsitzende der Jungen Gruppe der CDU/CSU-Bundestagsfraktion.

WIRT-
SCHAFT

E-MOBILITÄT CHRISTOPHER MENNEKES

DIE ZUKUNFT FÄHRT ELEKTRISCH

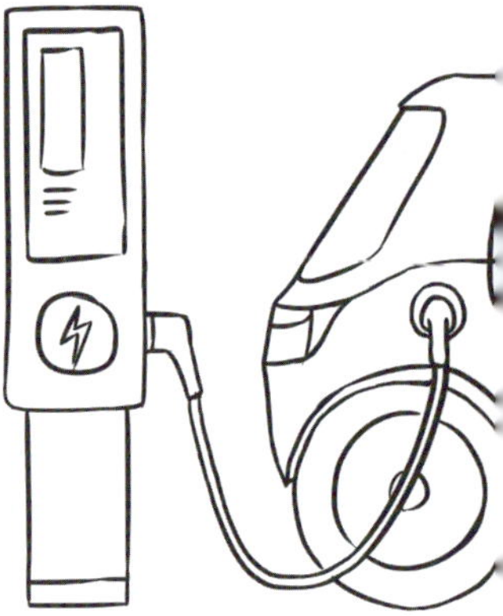

Unsere Welt wird sich in den nächsten 12 Jahren (und darüber hinaus) in einer nie gekannten Weise verändern – in fast allen Bereichen des Lebens und in einer Geschwindigkeit wie nie zuvor.

Das wird eine Menge nicht vorhersehbarer Wechselwirkungen erzeugen. Schieben wir mal die politischen Risiken, die sich ja auch heute schon in diversen Wahlergebnissen zeigen, auf die Seite und gehen von wirtschaftlich und gesellschaftlich stabilen Verhältnissen aus, auch wenn sie nicht selbstverständlich sind und in den nächsten Jahren sicherlich viele „Stresstests" durchlaufen müssen.

Im Bereich der Auto-Mobilität wird neben der Digitalisierung die gravierendste Veränderung das Ende des Verbrennungsmotors sein. In 12 Jahren werden mehr als 80 Prozent der Autos weltweit elektrisch angetrieben werden, und der überwiegende Teil davon ausschließlich elektrisch!

„BIS 2020 WIRD EIN BATTERIEFAHRZEUG GÜNSTIGER ALS EIN VERBRENNER SEIN."

Der Treiber dafür ist die rasante Entwicklung der Batterien, die kontinuierlich leistungsfähiger und gleichzeitig billiger werden. Ich glaube, dass spätestens in den nächsten drei Jahren ein reines Batteriefahrzeug günstiger sein wird als ein vergleichbares Fahrzeug mit Verbrennungsmotor, und zwar sowohl in der Anschaffung als auch im Betrieb. Welchen Grund sollte es dann für einen Autokäufer noch geben, einen Benziner oder Diesel zu kaufen? Vielleicht die „Reichweitenangst"?

„ZWEI ANTRIEBSSYSTEME IN EINEM AUTO SIND UNSINNIG."

Mangelnde Reichweite ist neben der Kostenfrage, die sich wie beschrieben schnell erübrigen wird, heute noch ein Verkaufshemmnis. Die Sorge, liegen zu bleiben, treibt viele Autofahrer um. Das wird jedoch mit den Elektroautos der Zukunft nicht passieren. Akku-Reichweite wie auch Lade-Infrastruktur werden völlig ausreichend sein. Die Entwicklungen der Batterien sowie die Smart-Grid-Ladesysteme machen heute schon erstaunliche Fortschritte. Somit werden wir bis zum Jahr 2029 Batterieautos mit Reichweiten von heutigen Verbrennern sehen. Geladen werden sie dank intelligenter Netze dort, wo sie lange parken. Somit brauchen wir künftig auch weniger Schnellladesysteme, als heute noch für notwendig angesehen wird.

Wenn dies so eintritt, wird auch die „reichweitensichernde" Hybrid-Technologie, also Verbrennungs- und Elektromotor kombiniert, nicht mehr gebraucht. Aus meiner Sicht ist es sowieso ökologisch, aber vor allem ökonomisch unsinnig, zwei Antriebssysteme in einem Auto zu vereinen, denn beide haben die gleiche Funktion und sind im Doppelpack unnötig schwer und teuer. Mehr noch werden aufgrund von rückläufigen Verbrenner-Stückzahlen die ohnehin komplexen Motoren immer teurer – und somit auch die Hybride insgesamt. Allein schon der heutige Hybrid-Aufpreis schreckt viele Käufer ab. Das ist keine gute Nachricht für diejenigen, die glauben, die Lebensdauer der Verbrennungsmotoren durch Hybridtechnik verlängern zu können. Unsere Auto-Nation Deutschland muss sich schnell darauf einstellen.

Die letzten Zweifler werden nun fragen: Wird es denn auch genug Strom und Lithium für die Batterien geben? Wenn man sich ansieht, wie günstig heute schon Strom aus Wind- und Sonnenkraft produziert und (auch) durch Batterien künftig gepuffert werden kann, wird deutlich, dass Strom in 12 Jahren nur noch einen Bruchteil des heutigen Preises kosten wird. Vorausgesetzt natürlich, man lässt die üppige EEG-Einspeisevergütung bis dahin auslaufen. Damit wird auch die Frage nach dem

Lithium beantwortet: Sollten die Erdkrusten-Vorkommen wirklich einmal zur Neige gehen, bleibt uns die Gewinnung aus Meerwasser. Diese ist zwar energieintensiv, wird aber bei den in Zukunft geringen Stromkosten immer attraktiver.

Somit gilt: Der Wandel ist nicht aufzuhalten – wer dies begreift, muss ihn gestalten!

CHRISTOPHER MENNEKES, *1979

Nach Abitur, Wehrdienst und BWL-Studium absolvierte Christopher Mennekes ein Trainee-Programm bei ABB/Busch-Jaeger mit Auslandsaufenthalten in Frankreich und Portugal. 2007 übernahm er für vier Jahre die Leitung der MENNEKES Electric Ltd., London. Im April 2011 folgte der Wechsel ins Stammhaus nach Kirchhundem, um dort sukzessive die Nachfolge seines Vaters anzutreten. In seiner Funktion als geschäftsführender Gesellschafter der MENNEKES Elektrotechnik GmbH & Co. KG ist Christopher Mennekes vorrangig für die strategische Ausrichtung und Internationalisierung des Traditionsunternehmens zuständig.

FREIHANDEL KONSTANTIN KUHLE

FREIER HANDEL STÄRKT AUCH DIE BÜRGER-GESELLSCHAFT

Von Chlorhühnchen über Genmais bis hin zu internationalen Schiedsgerichten – derzeit wird kaum ein Thema so kontrovers und polarisierend diskutiert wie Abkommen über den freien Handel.

Ob TTIP zwischen den USA und der EU, CETA zwischen Kanada und der EU oder NAFTA zwischen Kanada, den USA und Mexiko: Auf der ganzen Welt bringt das Thema „Freihandel" Menschen auf die Straße oder an die Wahlurne.

Allzu oft appellieren die Gegner solcher Abkommen dabei an ein Gefühl der Angst, etwa vor sozialem Abstieg, vor Umweltverschmutzung oder vor einem Verlust an Rechtsstaatlichkeit. Tatsächlich wäre das Pro-Kopf-Einkommen hierzulande ohne Freihandel um bis zu 50 Prozent geringer. Auch in anderen Regionen der Welt zeigt der Zugang zu neuen Märkten positive Wirkungen. Seit das Maß an Handelsrestriktionen auf der Welt abnimmt, steigt der Wohlstand und sinkt die Armut. So sind etwa in Schwellenländern wie China, Indien, Vietnam und Bangladesch Millionen Menschen der absoluten und relativen Armut entkommen, weil neue Handelsbeziehungen zu einer höheren Produktivität geführt haben.

Neben den ökonomischen Vorteilen des freien Handels fallen insbesondere die gesellschaftlichen Vorteile oft unter den Tisch. Situationen wie etwa in Venezuela oder in der arabischen Welt beweisen, dass wirtschaftlicher Protektionismus oftmals mit politischer Repression einhergeht.

„DIE EU IST DIE ERFOLGREICHSTE FREIHANDELSZONE DER WELT."

Umgekehrt führt eine Zunahme an Freihandel zu einer wachsenden Mittelschicht, die eigene politische und soziale Rechte aktiv einfordert. Auf diese Weise können Korruption bekämpft, Minderheiten geschützt und die entstehende Marktwirtschaft mit Rechtsstaatlichkeit und Demokratie flankiert werden. Nicht ohne Grund bestehen etwa seitens der chinesischen Führung große Sorgen, die wirtschaftliche Öffnung des Landes könnte zu einer aktiveren Bürgergesellschaft führen.

Aus diesen Gründen hat vor allem die Europäische Union als erfolgreichste Freihandelszone der Welt eine besondere Verantwortung dafür, das Modell Freihandel in die Welt zu tragen. Denn die EU ist zwar nach innen ein Binnenmarkt, schottet sich jedoch nach außen durch Zölle und Einfuhrbeschränkungen ab. Das Ziel eines umfassenden freien globalen Handels würde erreicht, wenn bestehende Abkommen und neue Vereinbarungen nicht nur dem Handel zwischen den Vertragspartnern nutzen, sondern auch einen besseren Zugang für Drittstaaten ermöglichen.

Zu diesem Zweck hat die Ministerkonferenz der Welthandelsorganisation WTO im Jahr 2001 die sogenannte Doha-Runde initiiert, mit der etwa der Zugang auf europäische und nordamerikanische Märkte für Produkte aus Entwicklungs- und Schwellenländern neu geregelt werden sollte. Deutschland und die EU müssen auch weiterhin an einem erfolgreichen Abschluss dieser Konferenz festhalten – damit sollte allerdings nicht bis ins Jahr 2029 gewartet werden. Als Vorbild könnte die im Jahr 2013 auf Bali abgehaltene Welthandelskonferenz dienen. Alleine von der dort beschlossenen Entbürokratisierung des Zollverkehrs könnte die Weltwirtschaft in der Größenordnung von bis zu einer Billion US-Dollar profitieren.

„FREIER HANDEL NÜTZT ALLEN BETEILIGTEN."

Freier Handel ist kein Programm, um reiche Weltregionen noch reicher zu machen. Wenn Handelsabkommen nicht bloß als Protektionismus im neuen Gewand daherkommen, nützt er allen Beteiligten. Aus diesem Grund ist das Eintreten für freien Handel nicht nur eine politische, sondern eine moralische Verpflichtung für die Zukunft. Gerade in Zeiten, da Abschottung und Nationalismus wieder Boden gut machen, sollte man dies mit Selbstbewusstsein vertreten.

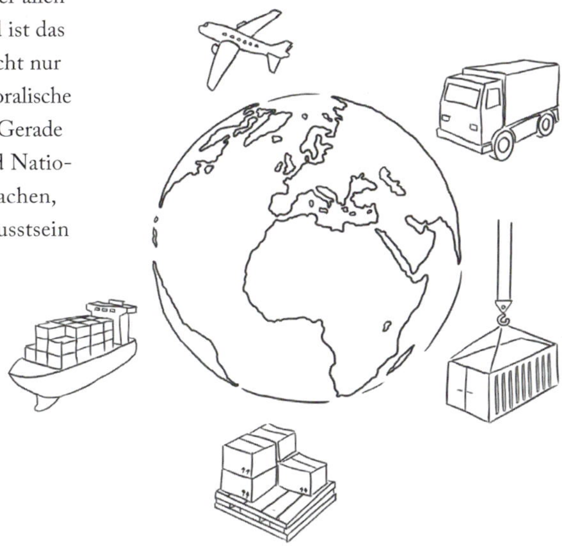

KONSTANTIN KUHLE, *1989

Der Niedersachse studierte nach Abitur und Zivildienst als Stipendiat der Studienstiftung des deutschen Volkes e. V. Rechtswissenschaft in Hamburg und Paris und arbeitete nach dem Ersten Staatsexamen in einer Anwaltskanzlei im Bereich Öffentliches Wirtschaftsrecht. Nach dem Referendariat in Hamburg, Karlsruhe und Berlin schloss er im Jahr 2017 das Zweite Staatsexamen ab. Kuhle ist seit dem Jahr 2014 Bundesvorsitzender der FDP-Jugendorganisation Junge Liberale (JuLis) und seit 2015 Beisitzer im FDP-Bundesvorstand. Er kandidiert bei der Bundestagswahl 2017 im Wahlkreis Göttingen.

Foto: Phillip Wehrend

SOZIALE MARKTWIRTSCHAFT DR. CARSTEN LINNEMANN

DER STAAT IST SCHIEDS-RICHTER UND KEIN MITSPIELER

Im Jahr 2029 werden uns die Debatten um Industrie 4.0 vorkommen wie heute die Debatten um die Industrialisierung im Ruhrgebiet: längst überholt. Dann werden wir über Industrie 7.0 oder andere Digitalbezeichnungen reden. Doch wie sieht diese neue Welt genau aus? Das kann zum jetzigen Zeitpunkt niemand seriös beantworten. Globalisierung und Digitalisierung verändern bereits heute unser Leben in einer Geschwindigkeit, wie wir es noch vor wenigen Jahren nicht für möglich gehalten haben.

Besteht deshalb Grund zur Sorge? Nein. Denn wir wissen heute schon, dass wir uns auch noch im Jahr 2029 auf die soziale Marktwirtschaft verlassen können. Sie hat Deutschland aus den Wirren des Zweiten Weltkrieges heraus zu einem der wohlhabendsten und sozialsten Länder der Welt gemacht.

Das Erfolgsrezept ist dabei einfach wie zeitlos: Wenn sich der Staat an die wenigen, aber eindeutigen Spielregeln der sozialen Marktwirtschaft hält und sie erfolgreich durchsetzt, führt Wettbewerb zu Wohlstand und sozialer Sicherheit.

„DER STAAT VERURSACHT SELBST VIELE UNGERECHTIGKEITEN, UM SIE HINTERHER ZU BEKLAGEN."

Aber genau dieses Versprechen, dass es mit Fleiß und Anstrengung aufwärts und unseren Kindern einmal besser gehen wird, scheint in den Augen vieler Menschen heute nicht mehr zu gelten. Die traurige Wahrheit lautet: Nicht die soziale Marktwirtschaft ist daran schuld, sondern die Politik selbst.

Der Staat hat sich immer mehr von einem Schiedsrichter zu einem engagierten Mitspieler entwickelt. Dadurch verursacht er selbst viele Ungerechtigkeiten, um sie hinterher zu beklagen.

Beispiel Energiekosten: Freie Preise sorgen eigentlich dafür, dass sich Angebot und Nachfrage ausgleichen. Mit dem Erneuerbare-Energien-Gesetz (EEG) wird dieser Mechanismus schon seit Jahren ausgehebelt, indem Produzenten von „grünem" Strom mit einem staatlichen garantierten Festpreis belohnt werden – egal, ob der Strom gerade benötigt wird oder nicht. Die Zeche zahlen hinterher der Verbraucher und der mittelständische Unternehmer. Wir brauchen eine Kernsanierung des EEG mit einer Rückkehr zur freien Preisbildung, damit Energie bis zum Jahr 2029 kein Luxusgut geworden ist.

Beispiel Euro-Politik: Unser Wirtschaftssystem beruht auf dem einfachen Grundsatz, dass derjenige, der den Nutzen hat, im Zweifel auch den Schaden zu tragen hat. Warum sonst sollte derjenige die Risiken seines Handelns vernünftig abwägen? Im Falle der Euro-Rettungsschirmpolitik wird das Haftungsprinzip jedoch schon seit Jahren durchbrochen. Vor allem in den südlichen Ländern lassen wichtige Reformen weiter auf sich warten. Warum auch? Im Zweifel zahlt ja der (deutsche) Steuerzahler. Was wir brauchen, ist eine Insolvenzordnung für Staaten, an deren Ende die Sanierung oder der Austritt steht, damit wir im Jahr 2029 nicht endgültig in einer „Schuldenunion" leben.

„DER STAAT MUSS DEM BÜRGER GENÜGEND FINANZIELLEN SPIELRAUM LASSEN."

Beispiel Abhängigkeit vom Staat: Der einzelne Bürger sollte durch den Erwerb von Privateigentum in der Lage sein,

sein Leben selbstbestimmt zu führen. Doch dazu muss der Staat dem Bürger auch genügend finanziellen Spielraum lassen. Seit Jahren aber steigt gerade die Belastung der Steuerzahler, während in Nullzinszeiten der deutsche Fiskus von Steuerrekord zu Steuerrekord jagt. Wir brauchen daher eine echte Steuer strukturreform, die dem Einzelnen die notwendigen Freiräume gibt, damit im Jahr 2029 nicht die Mehrheit unseres Landes von staatlicher Fürsorge abhängt.

Kurzum: Wir brauchen keine Angst vor dem Jahr 2029 zu haben, wenn wir 2017 endlich wieder beginnen, uns an das zu erinnern, was uns in der Vergangenheit stark gemacht hat. Das war und ist die soziale Marktwirtschaft. Nur sie löst das Versprechen von Ludwig Erhard ein: Wohlstand für alle.

DR. CARSTEN LINNEMANN, *1977

Der promovierte Diplom-Volkswirt aus Paderborn war als Assistent des Chefökonomen der Deutschen Bank tätig und arbeitete für die IKB Deutsche Industriebank in Düsseldorf, bevor er direkt gewählter CDU-Bundestagsabgeordneter wurde. Er ist Bundesvorsitzender der Mittelstands- und Wirtschaftsvereinigung der CDU/CSU und kritischer Beobachter der Wirtschafts- und Sozialpolitik der Koalition. Linnemann ergänzte die Einführung der Rente mit 63 um die sogenannte „Flexi-Rente", votierte gegen die Euro-Rettungsstrategie für Griechenland und setzt sich für eine Insolvenzordnung für die Euro-Staaten ein.

MEDIEN

JOURNALISMUS FILIPP PIATOV

WÄRE DA NICHT DAS JAHR 2016 GEWESEN

Ich weiß nicht genau, wann die Medienkrise begann, aber ich bin mit ihr aufgewachsen. Die goldenen Tage des Journalismus seien vorbei, hieß es, während junge Medienunternehmen wie BuzzFeed aus dem Boden schossen und Generationen neuer Leser eroberten.

Doch während die Krisenexperten das Sterben alter Formate beklagten und die Entstehung neuer Technologien kritisch beobachteten, holte uns die wahre Gefahr ein, die dem modernen Journalismus die Alles-oder-Nichts-Frage stellte: Kann man Medien überhaupt trauen?

Dabei hätte alles so schön werden können. Der Zerfall der Sowjetunion reichte der Ausbreitung des Internets die Hand und löste eine gewaltige Liberalisierung von Informationen aus. Wo früher Propaganda und Gegenpropaganda waren, konnten sich Millionen von Menschen bald frei ihre Meinung bilden.

Alles war verfügbar, jeder erreichbar, und geografische Grenzen stellten für Informationen kein Hindernis mehr dar. Jede Person mit Internetanschluss konnte zum „Citizen Journalist" werden, der unendlichen Meinungsfreiheit schien nichts mehr im Wege zu stehen – wäre da nicht das Jahr 2016 gewesen.

„DER BEGRIFF ‚ALTERNATIVE FAKTEN' MACHTE DIE RUNDE."

2016 kam in Form des Brexits, in Form von Donald Trump, in Form von rechtspopulistischen Bewegungen in Europa. Und plötzlich war die Medienkrise keine Krise von Geschäftsmodellen mehr, sondern eine Glaubwürdigkeitskrise. Populistische Bewegungen entwickelten mit ausländischer Hilfe Narrative, die sich radikal von seriösen Tageszeitungen und Magazinen unterschieden. Der Begriff „alternative Fakten" machte die Runde und brachte Unruhe in deutsche Redaktionen. Medien schienen von der Lebenswirklichkeit ihrer Leser auf einmal ganz weit weg zu sein.

„Wenn Fakten nichts mehr zählen, dann sind wir egal", brachte es der Chefredakteur einer großen Zeitung im Vieraugengespräch auf den Punkt.

Doch sowohl der Wahrheits- als auch der Diskursbegriff stehen unter Beschuss. Eine ungewöhnliche Koalition aus Politikern und Bürgern von links und rechts hat sich auf die Medien eingeschossen und erhält Unterstützung von Produzenten alternativer Fakten aus dem Ausland.

Unsere Rolle als demokratische Kontrollinstanz steht auf dem Spiel. Und wenn wir sie verteidigen möchten, müssen wir etwas ändern. Denn auch im Wahljahr 2029 möchte ich noch immer relevant sein.

Um das zu schaffen, dürfen wir unseren Abwehrinstinkten nicht nachgeben. Es darf nicht darum gehen, radikalisierte Leser zurückzuholen, indem man selbst radikal wird – oder schlimmer noch: indem man neutral wird. Dazu leben wir wahrlich in der falschen Zeit.

„WIR MÜSSEN OBJEKTIV ERMITTELN, GANZ GLEICH, WEM ES NÜTZT."

Wir müssen für einen Wahrheitsbegriff kämpfen – ja, kämpfen! –, der frei von Verschwörungstheorien bleibt. Wir dürfen Recherchen nicht nach dem „Cui bono?"-Prinzip von Populisten richten, sondern müssen objektiv ermitteln, ganz gleich, wem es nützt.

Und schließlich dürfen wir unsere Werte nicht vergessen, die uns vor moralischer Äquidistanz bewahren und uns vor dem Reflex schützen, die Wahrheit stets in der Mitte zu suchen, anstatt uns an unseren Überzeugungen zu orientieren.

Wer in Syrien Gasangriffe unterstützt, der ist nicht unser Partner. Wer versucht, sie zu relativieren, ebenso wenig. Wenn Demokratien von Diktaturen bedroht werden, müssen wir stets zur Demokratie stehen, anstatt dem diktatorischen Regime unsere Empathie zuteilwerden zu lassen.

Wenn Staaten, Organisationen oder Individuen mit falschen Fakten und verzerrten Informationen ihre Narrative durchsetzen wollen, müssen wir als Journalisten dagegenhalten.

Die Relevanz, der Kern unseres Erfolgs, ist kein Naturgesetz. Und so müssen wir das Wahljahr 2017 nutzen, um auch im Wahljahr 2029 noch relevant zu sein: mit klaren Werten, beispielhafter Ehrlichkeit und journalistischem Mut.

FILIPP PIATOV, *1991

Der in Leningrad geborene Filipp Piatov kam mit seinen Eltern als Kind nach Deutschland. Nach seinem Abitur und einem Auslandsjahr in Israel (Tel Aviv) studierte er Wirtschaftswissenschaften an der Universität in Frankfurt/Main und begann, neben seinem Studium als freier Autor Essays und Kolumnen für die Tageszeitung Die Welt sowie für andere Magazine und Zeitungen zu schreiben. Nach zwei Jahren als Storyteller in Berlins Start-up-Szene wechselte Piatov in den Journalismus und arbeitet nun in der Politikredaktion bei BILD. Im Jahr 2015 erschien sein erstes Buch „Russland meschugge" bei dtv.

POLITISCHE MEINUNGSBILDUNG AMIL HOTA

PARTEIEN MÜSSEN WIE MARKEN KOMMUNIZIEREN

Deutschland. Das Jahr 2029 scheint weit weg. Ist es aber nicht. Nur drei Legislaturperioden, nur drei Bundestagswahlkämpfe, die sich vom Wahlkampf 2017 – dessen bin ich mir sicher – sehr deutlich unterscheiden werden: weil sich die Art der politischen Willensbildung in Deutschland bis zum Jahr 2029 dramatisch verändern wird.

Wir merken heute schon, nicht zuletzt an den Landtagswahlen 2017, dass die Entscheidung an der Urne für eine Partei immer mehr zu einer Impulsentscheidung wird.

Das endgültige Ende der Ära einer lebenslangen Überzeugung von einer politischen Partei ist angebrochen. Bis zum Jahr 2029 wird ein Großteil der Wähler die Entscheidung für einen Kandidaten oder eine Partei nach persönlichen Sympathie-, Relevanz- und Glaubwürdigkeitswerten treffen – und zwar ad hoc. Kurzfristig. Vielfach, ohne sich mit den exakten Inhalten tiefer zu beschäftigen. Das ist ein Problem, das Populisten in die Hände spielen kann. Muss es aber nicht.

Es gilt zu akzeptieren, dass Wechselwähler zur Normalität werden und sich die Wahlurne mehr und mehr zu einer Art „Point of Sale" entwickelt. Wenn alle Angebote scheinbar gleich sind, dann entscheide ich mich eben für die sympathischste Marke. Oder Person. Oder für jene, die ich zuletzt auf einem tollen Bild in einem tollen Kontext gesehen habe. Weshalb im Umkehrschluss Politiker – gerade die der großen Volksparteien, deren Programme eine deutliche Trennschärfe auf den ersten Blick manchmal vermissen lassen – selbst mehr und mehr zur Marke werden müssen. FDP-Chef Christian Lindner zeigte hier schon mal in Ansätzen, was geht, ohne peinlich zu werden. Und das ist erst der Anfang einer weiter fortschreitenden Politik-Personalisierung mangels breiteren Interesses (und Aufmerksamkeitskapazität) an Politik-Programmatik.

„PARTEIEN UND POLITIKER WERDEN WIE MARKEN KOMMUNIZIEREN MÜSSEN. ALWAYS ON."

Politiker, die sich mit ihrer Arbeit bislang Medienresonanz „verdienen" mussten, werden selbst zu Medien. Beispiel Donald Trump, der zweifellos meisterhaft auf der Social-Media-Klaviatur spielt und die ganze Welt gerne in 140 Zeichen per Twitter erklärt, was, einmal im Amt, keineswegs überraschend für alle außer seine Anhänger! – fernab jeglicher politischen Realität liegt. Gewählt wurde er trotzdem.

Ich will den Vergleich nicht zu sehr strapazieren, aber Parteien und Politiker werden so kommunizieren müssen, wie es große Marken heute bereits in Ansätzen tun: kontinuierlich, flexibel, auf allen Kanälen. Always on.

Dabei gilt: „Don't preach to the mass." Das funktioniert nur bei harten Empörungsposts der populistischen Rechten und Linken, weshalb die AfD (vielleicht auch mit technischen Helfern) und die Linke die etablierten Parteien bei der Zahl der Facebook-Fans momentan noch schlagen. Für das besonnene, seriöse politische Lager gilt: Jeder einzelne Bürger möchte möglichst individuell angesprochen werden. Was künftig immer besser möglich wird, weil die Social Media zum persönlichen Dialog befähigen und wir durch Daten die Menschen „da draußen" immer besser kennen und verstehen lernen.

Stichwort „Daten". Daten und der Zugang zu ihnen sind für viele neue Geschäftsmodelle die eigentliche Infrastruktur. Unsere Politik muss sich fragen, wie wichtig in Deutschland der Schutz persönlicher Daten sein wird, und dann von diesem Bild aus nach hinten schlussfolgern und die richtigen Entscheidungen suchen. Ich persönlich halte freiwillig – wo auch immer – ins Netz gestellte Daten in der heutigen Zeit für nicht mehr schützbar. Und wir alle (okay: fast alle, um den Aufschrei hier zu minimieren) wollen diese Daten auch nicht wirklich schützen. Wir wollen lediglich, dass uns jemand sagt, sie seien geschützt. Die heutige Daten-Rigidität in unserem Land kann für die deutsche Wirtschaft langfristig zu einem großen Problem werden. Auch für die politische Willensbildung.

„POLITISCHE INHALTE MÜSSEN GEZIELT DENEN VERMITTELT WERDEN, DIE SIE SUCHEN."

Wenn ich den Bürger nicht kenne, weiß ich nicht, nach welchen Informationen er sucht. Populisten dringen auf breiter Front durch. Seriöse Politik versteigt sich oft noch in für die breite Masse schwer verdaulichen Argumentationsketten. Nicht falsch verstehen: Bei richtig erkannten Problemen sind kluge Lösungen der Schlüssel auch zum Wahlerfolg. Das war so und wird auch so bleiben. Aber diese Lösungen müssen künftig gezielt denen vermittelt werden, die sie suchen. Alle anderen schalten im Wust der zahllosen Posts – alleine auf Facebook in Deutschland sind es täglich mehrere Millionen – auf Durchzug.

Blickt man auf das Jahr 2029, dann hat es die aktuelle deutsche Politik auch ein gutes Stück weit selbst in der Hand, ihre künftigen Wähler zur politischen Meinungsbildung im Digitalen zu befähigen.

„NEWS ROOMS UND SOCIAL MEDIA GEHÖREN KÜNFTIG ZUM GRUNDBAUKASTEN DER PARTEIEN."

Digitale Souveränität bedeutet dabei nicht, Kindern beizubringen, wie ein iPhone funktioniert. Es bedeutet, Lehrern beizubringen, wie sie ihre Schüler dazu befähigen, durch das Digitale schneller und mehr zu lernen. Kürzlich las ich eine E-Mail von einem Klassenlehrer an einer Privatschule, der „das Internet verfluchte", weil seine Schüler dort Teile eines Aufsatzes abgeschrieben hatten. Davor hatten sie allerdings im Unterricht niemals darüber gesprochen, wie man das Internet für eine Arbeit nutzen könnte – und wie man es nicht darf.

Die Digitalisierung ist keine technologische, sondern eine gesellschaftliche Veränderung, und so gilt es, sie bildungspolitisch zu behandeln.

Für die Parteien gilt: mehr News Rooms, mehr eigene Social Media Units mit Freiheit für schnellen Response, ohne tagelange Abstimmungsschleifen quer durch die Parteienhierarchien. Um künftig Erfolg zu haben, muss diese Art der direkten Kommunikation zur Selbstverständlichkeit werden, zum Grundbaukasten der politischen Kommunikation gehören. Der persönliche Dialog an der Haustür gehört auch weiterhin dazu. Gut, dass die Politiker und ihre Unterstützer künftig dank der Daten genau wissen, wo sie klingeln müssen.

2029? Der Umfang einer Pressemitteilung verteilt sich nun wahrscheinlich auf 30 Contents-Stücke, Bild, Ton, Bild, Grafik, Bild, Ton, Text. Distribuiert werden diese Stücke nicht mehr primär an uns bekannte und wohlgesonnene Journalisten. Sie werden stattdessen direkt in 500 Kanäle eingespielt: eigene, fremde, freie, bezahlte, bekannte und heute noch unbekannte. Manche dieser Kanäle haben 500 Nutzer, manche erreichen 500 000 Menschen. Der Content wird nicht von einem Menschen verschickt. Der Mensch denkt, die Maschine setzt um. Facebook? Gibt es noch. Oder man kann sich zumindest noch daran erinnern. Sozial-digitale Medien? Trumpf! Haustürwahlkampf per Social Media – jeden Tag! Anders funktioniert politische Kommunikation im Jahr 2029 nicht mehr.

AMIL HOTA, *1979

Der in Sarajevo geborene Amil Hota legte seinen Abschluss in Wirtschaftswissenschaften an der heimatlichen Universität ab. In Berlin und Cambridge machte er den Master of Business Administration. 1999 begann Amil Hota bei Volkswagen Sarajevo seine Berufslaufbahn. 2002 wurde er Berater des Markenvorstands von Volkswagen für Public Affairs in Südosteuropa. Im Jahr 2008 dann der Wechsel zur Agentur Scholz & Friends in Berlin, wo er als Kommunikationsberater tätig war. Seit 2011 leitet Amil Hota die Beratung von Blumberry und berät verschiedene Unternehmen und Verbände. 2012 wurde Amil Hota zum Geschäftsführer bei Blumberry berufen.

UNTER-
NEHMEN

MITTELSTAND LENCKE STEINER

DIE NÄCHSTEN JAHRE SIND EINE ZEIT DES UMBRUCHS

Auch im Jahr 2029 wird der Mittelstand Herz und Rückgrat unserer Wirtschaft sein. Davon bin ich fest überzeugt. Es wird aber ein anderer Mittelstand sein als der heutige. Ich erlebe als mittelständische Familienunternehmerin bereits heute einen Wandel. Die patriarchalische Kultur bröckelt. Viele junge Frauen und Männer mit einem anderen Führungsverständnis streben in die Chefetagen des Mittelstandes. Was bleiben wird? Die mittelständischen Werte.

Zu diesen Werten gehören Nachhaltigkeit, Verlässlichkeit, Vertrauen und Innovation; diese werden auch im Jahr 2029 und darüber hinaus wichtig bleiben. Der ehrbare Kaufmann als Leitbild des Unternehmers bleibt bestehen. Durch einen Zufall habe ich vor Kurzem etwas von dem Hamburger Unternehmer Eugen Block gehört. Er hatte sich an einer eigenen Fluglinie versucht. Leider ist das Projekt nicht durchgestartet und die Fluglinie stand vor der Insolvenz. Er ließ sie aber nicht insolvent gehen. Stattdessen schlug er auf den Tisch und sagte: „Auf meinem Grabstein soll stehen: Er blieb seinen Gläubigern nichts schuldig." Auch wenn sich nicht jeder Mittelständler so eine (teure) Aussage leisten kann – diese Haltung ist mein Idealbild eines ehrbaren Kaufmanns.

Die Erhaltung der mittelständischen Werte ist kein Selbstläufer. Wenn wir uns heute diese Unternehmen anschauen, sehen wir in der Geschäftsführung oft Männer mit grauen Haaren, nicht selten die Unternehmensgründer der 1960er- und 1970er-Jahre, die ihr Unternehmen 40 Jahre und mehr geführt haben. Bis zum Jahr 2029 werden viele dieser Geschäftsführer in den Ruhestand gehen und ihr Unternehmen verkaufen oder übergeben. Die nächsten zwölf Jahre werden daher für den Mittelstand eine Zeit des Umbruchs.

„DIGITALISIERUNG WIRD ZUM KERN DES HANDELNS EINES UNTERNEHMERS."

Diesen Umbruch sehe ich als große Chance. Vor einigen Jahren habe ich von Mittelständlern noch Sätze wie „eine Internetseite brauchen wir nicht" gehört. Das hat sich bereits verändert. Die meisten Unternehmen sind schon lange im Internet zu finden, aber die Digitalisierung als eine der zentralen Zukunftsfragen hört nicht bei der Bereitstellung einer Internetseite auf. Sie hört übrigens auch nicht bei der Nutzung eines Smartphones oder beim papierlosen Büro auf. Digitalisierung ist ganzheitliches Denken und hat das umfassende Nutzen von modernen Kommunikations- und Informationstechnologien zur Folge. Sie ist keine Ergänzung des Unternehmenshandelns – sie wird zu dessen Kern.

„HIERACHIEN BEDEUTEN IN ZUKUNFT WENIGER."

Dieser Umbruch wird alle bewegen, Unternehmer wie Mitarbeiter. Die Digitalisierung und der Wandel in den Chefetagen wird allen etwas abverlangen. Für mich sind das in erster Linie Chancen. Arbeit wird flexibler und im Mittelstand wird es einen Wechsel des Fokus geben: hin zu mehr Eigenverantwortung und mehr selbstständiger Arbeitsorganisation. Ich bin mir sicher, dass Hierarchien in Zukunft weniger bedeuten werden. Wie sich die Arbeitswelt insgesamt ändert, so wird sich auch die Arbeitswelt im Mittelstand ändern.

Zum Schluss bleibt für mich die wichtige Frage der politischen Rahmenbedingungen. Wie sind diese auszugestalten, wenn der Mittelstand 2029 weiterhin Herz und Rückgrat unserer Wirtschaft sein soll? Für mich ist das die Ausformulierung eines zukunftsorientierten Leitgedankens. Wir sollten nicht in der Vergangenheit verharren und an alten Lebens- und Arbeitsmustern klammern. Lasst uns stattdessen den Mut haben, unsere eigene Zukunft selbstbestimmt zu gestalten und die Chancen vor die Risiken zu stellen. Wenn wir so handeln, dann bleibt der Mittelstand Innovationsmotor und verlässliche Stütze unserer Gesellschaft.

LENCKE STEINER, *1985

Die Unternehmerin und Fraktionsvorsitzende der Freien Demokraten Bremen absolvierte zunächst eine Ausbildung zur Groß- und Außenhandelskauffrau und studierte im Anschluss Betriebswirtschaft. Von 2012 bis 2015 war sie Bundesvorsitzende des Wirtschaftsverbandes „Die Jungen Unternehmer". Bei der Wahl im Mai 2015 führte sie als Spitzenkandidatin die FDP Bremen zurück in die Bremische Bürgerschaft. In den Jahren 2014 und 2015 fungierte die Geschäftsführerin des Bremer Familienunternehmens W-Pack als Investorin in der TV-Start-up-Show „Die Höhle der Löwen". Seit 2014 ist Lencke Steiner verheiratet.

START-UPS ALEXANDER SÄNGERLAUB

WILLKOMMEN IN DER „GRÜNDER-REPUBLIK DEUTSCHLAND“

Wer gründet, betritt Neuland. Unabhängig davon, ob es sich um ein Geschäft, eine NGO oder ein Digitalunternehmen handelt: Echte Unternehmer sind mutig, sie wagen etwas, gehen ein Risiko ein. Und sie stehen voller Leidenschaft und Tatendrang hinter ihrer Idee, die sie umsetzen wollen.

Deutschland benötigt mutige Gründer und ebenso mutige Investoren, die bereit sind, mutige Ideen zu begleiten. Dafür bedarf es allerdings einer Gründerkultur, ja, des mutigen Ausrufs einer neuen Gründerzeit. Und es bedarf vor allem der politischen Bereitschaft, die die dafür notwendigen Strukturen ermöglicht.

Ein Füllhorn von Schlagwörtern auf „-ierung“ kündigt eine neue Zeit an, allen voran die Digitalisierung. Und das heißt bei Weitem nicht nur „Internet für alle". Unsere Gesellschaft befindet sich in einem Wandel. Die Art und Weise, wie wir kommunizieren, arbeiten, uns organisieren – kurz: wie wir leben –, alles wird digital und vieles wird anders. Da sind manche Ängste abzubauen, etliche neue Dinge zu lernen, und vor allem gilt es, die Menschen mitzunehmen. Und zwar möglichst alle. Die wichtigen Akteure dieser Veränderungsprozesse sitzen jedoch nicht in Europa und schon gar nicht in Deutschland. Amerika gibt den Rhythmus vor, und der Rest der Welt versucht, irgendwie mitzuhalten. Silicon Valley mit seiner IT- und Hightech-Industrie ist nach wie vor das Sinnbild einer starken Gründerkultur und der Taktgeber in Sachen Digitalisierung.

„HEUTE BEDEUTET GRÜNDEN VOR ALLEM BÜROKRATIE."

Wer heute, im Jahr 2017, in Deutschland gründet, erlebt davon nicht allzu viel. Ein neues Unternehmen in die Welt zu setzen, bedeutet in erster Linie Bürokratie: Steuernummer beantragen, Gewerbeschein lösen und zahlreiche dubiose Briefe von falschen Handelsregister-Webseiten aus dem Briefkasten fischen. Das warmherzige „Willkommen!" aus der Gründerrepublik Deutschland fehlt, und in manchen Regionen gibt es – Stichwort Breitbandausbau – nicht einmal „Internet für alle". Der beste Anbieter für das Gründerkonto kommt nicht aus Deutschland, sondern aus Finnland. Der neugierigste Investor ist kein Deutscher, sondern ein Däne. Die beste technische Lösung ist manchmal amerikanisch, manchmal estnisch, aber nur sehr selten deutsch. Das Internet heißt Google, Facebook, Amazon & Co. und nicht Siemens, Bosch oder VW.

„KINDER SOLLTEN EMPATHIE, STEUERRECHT UND PROGRAMMIEREN ERLERNEN."

Im Jahr 2029 möchte ich in der Gründerrepublik Deutschland aufwachen. In einem Land, in dem meine Kinder in der Schule auf kreative Art und Weise lernen, selbst irgendwann einmal ein kleines Unternehmen zu gründen, und ebenso verstehen, was das bedeutet, eine Idee zu entwickeln, zu präsentieren, zu fundraisen und am Markt zu testen. Sie lernen in der Schule auch Programmieren und was Algorithmen sind. Sie lernen Empathie und Steuerrecht und verstehen nach dem Abitur ein wenig, wie die große, weite Welt, die sie dort draußen erwartet, tickt. Denn im Jahr 2029 sind zahlreiche Arbeitsabläufe automatisiert. Maschinen, Roboter und Algorithmen schuften in Jobs, die vorher von Menschen aus Fleisch und Blut gemacht werden mussten. Wir erleben eine Gesellschaft, die nun erstmals die Möglichkeit hat, ihr gesamtes kreatives Potenzial zu entfalten. Legen wir heute dafür die Grundlage.

Im Bestfall wachen wir alle im Jahr 2029 in einer Gesellschaft auf, die wirtschaftlich erfolgreich und dennoch solidarisch, ökologisch und freiheitlich ist. Und in der meine Kinder anlässlich der Gründung ihres ersten Unternehmens einen Brief des Wirtschaftsministers in ihrem elektronischen Briefkasten vorfinden, der mit den Worten beginnt: „Willkommen in der Gründerrepublik Deutschland!“

ALEXANDER SÄNGERLAUB, *1986

Alexander Sängerlaub studierte in Berlin Publizistik- und Kommunikationswissenschaft sowie Psychologie und ist als Dozent für Journalistik und politische Kommunikation an verschiedenen Hochschulen Deutschlands tätig. Er ist Gründer und Chefredakteur des utopischen Politikmagazins Kater Demos. Das 2015 erstmals erschienene Printmagazin thematisiert große Gesellschafts- und Zukunftsthemen und richtet sich an die Macher von heute und morgen. Als Projektleiter in der Stiftung Neue Verantwortung widmet sich Sängerlaub zudem der Digitalisierung und dem durch sie bedingten gesellschaftlichen Wandel.

VORSTÄNDE FRÄNZI KÜHNE

NEUES WISSEN IN ALTEN STRUKTUREN

Wer entscheidet eigentlich über die Zukunft? Wer gestaltet die Welt von morgen in einer Art und Weise, dass sie Antworten sowohl auf die alten als auch auf neue Fragen und Herausforderungen bereithält?

Wenn wir heute einen kritischen Blick auf Wirtschaft, Gesellschaft und Politik werfen, sehen wir uns eher vom radikalen Wandel der Digitalisierung überrollt und in vielen Belangen überfordert. Es fehlt uns an adäquaten Werkzeugen und es fehlt uns an Wissen, es fehlt uns an modernen Perspektiven und es fehlt an führenden Köpfen, die nicht nur in den langen Phasen relativer Stabilität des letzten Jahrhunderts geschult wurden. Die Entscheider und Führungsorgane der Gegenwart sind ja eben nicht aufgrund ihres Potenzials für die Zukunft in jene Positionen gekommen, die sie heute innehaben, sondern aufgrund ihrer Verdienste in der Vergangenheit.

„UNTERNEHMEN BRAUCHEN EIN ERHÖHTES MASS AN DIVERSITÄT."

Das muss sich ändern. Wir brauchen weitaus mehr als ein Bauchgefühl der alten Garde. Wir benötigen in den Entscheidungsgremien grundlegend andere Perspektiven. Da ich mich vorwiegend in der Wirtschaft bewege, bleibe ich in der Wirtschaft: Unternehmen brauchen ein erhöhtes Maß an Diversität auf allen Ebenen, vor allem aber im Vorstand. Ich beobachte und begleite heute viele Ansätze, die weit über die bestehenden Quotenregelungen hinausgehen. Dazu gehören auch Austausch- und Experimentformate, in denen sich Traditionsunternehmen für Impulse aus der neuen Arbeitswelt und aus neuen Geschäftsfeldern und -formen öffnen. Viel zu selten allerdings können diese Impulse die starren Konzernstrukturen und die über lange Jahre und Jahrzehnte gewachsenen Prozesse großer Unternehmen durchdringen.

„DIE FRAUENQUOTE BRICHT MIT ALTEN GEWOHNHEITEN."

Bei allen guten Ideen, fähigen Beratern, innovativen Ausgründungen und hochmodernen Unternehmertagen: Echte Veränderung muss gelebt und gefühlt werden, und das bedeutet, dass sie aus dem Unternehmen selbst kommen und sich auf natürliche Weise entwickeln muss. Die Führungskräfte von morgen müssen bereits heute eingestellt, ausgebildet, gehört und verstanden werden – und zwar als Teil eines vielfältigen und vielseitigen Teams. Die Frauenquote für Positionen in den Aufsichtsräten ist vor allem deshalb eine wichtige Idee, weil sie mit alten, verkrusteten Gewohnheiten bricht.

Doch noch viel wichtiger und weitaus schwieriger ist eine echte Vielfalt im gesamten Unternehmen. Wo die Menschen aus reiner Gewohnheit auf diejenigen setzen, die ihnen selbst am ähnlichsten sind, wird sich auch immer nur dieselbe geistige Einstellung replizieren. Wie aber sollen deren alte Werkzeuge bei der Lösung völlig neuer Probleme weiterhelfen? Oder wie der Physiker und Nobelpreisträger Albert Einstein es einst formulierte: „Probleme kann man niemals mit derselben Denkweise lösen, durch die sie entstanden sind."

Ich halte es für eine der wichtigsten Herausforderungen unserer Zeit, Werkzeuge zu entwickeln, die mit diesen Gewohnheiten brechen. Die früh damit beginnen, Kompetenzen aufzubauen und Diversität zu entwickeln, die dann nach oben durchwachsen kann. Das lässt sich natürlich auf viele Ebenen übertragen – auf Institutionen, auf Parteien und auch auf die Gesellschaft an sich. Dabei muss allen klar sein, dass dies keinesfalls das Endspiel ist, bei dem automatisch derjenige gewonnen hat, der am schnellsten superdivers aufgestellt ist.

Die Veränderungen jedoch, die wir zurzeit erleben, sind definitiv lediglich der Anfang. Und es ist sicherlich nicht schädlich, ihnen als ein Team zu begegnen, als eine Gemeinschaft, die Besseres bietet als immer wieder nur mehr vom Gleichen.

FRÄNZI KÜHNE, *1983

Als Mitgründerin und Geschäftsführerin der 2008 gegründeten Digital-Business-Agentur Torben, Lucie und die gelbe Gefahr GmbH, die seit Januar 2015 Teil des weltweit zweitgrößten Kommunikationsnetzwerkes Omnicom ist, steuert die gebürtige Berlinerin Abläufe und Prozesse, pflegt Unternehmenskultur und prägt intern wie extern den kommunikativen Stil des Unternehmens. Im November 2014 kürte das Magazin EDITION F Fränzi Kühne neben Kandidatinnen wie Gesche Joost und Constanze Kurz zu einer von „25 Frauen für die digitale Zukunft". Im Frühjahr 2017 wird sie in den Aufsichtsrat der freenet AG berufen.

LAND-
WIRT-
SCHAFT

AGRARWESEN MAX-FERDINAND VON KORFF

DER LANDWIRT ZWISCHEN BULLERBÜ UND DIGITALISIERUNG

Welchen Stellenwert besitzt die Landwirtschaft heute in unserer Gesellschaft und wo werden wir im Jahr 2029 stehen? Nicht erst seit gestern steht die Landwirtschaft im Spannungsfeld zwischen Wirtschaftlichkeit, Verbraucher- und Umweltinteressen sowie der Entwicklung der (Welt-)Bevölkerung.

Gegenwärtig ist Deutschland weltweit gesehen ein Gunststandort für landwirtschaftliche Produktion; dies bedeutet die Erzeugung von erstklassigen Nahrungsmitteln mit den wichtigen Ressourcen Wasser und Boden. Die qualitativ hochwertige und fundierte Ausbildung des Landwirtes ist dabei die Basis, um die umfassenden Aufgabenstellungen, angefangen von technischen Anforderungen über die Biologie der Nutztiere und Pflanzen bis hin zur Betriebswirtschaftslehre erfolgreich zu lösen.

Während im Nachkriegsdeutschland vor allem eine preiswerte und sichere Versorgung mit hochwertigen Nahrungsmitteln im Vordergrund stand, nehmen heute und in Zukunft auch andere Aspekte wie regionale Erzeugung und Umweltverträglichkeit Raum ein. Gleichzeitig entfernt sich die Gesellschaft aufgrund von Urbanisierung vom ländlichen Raum, und mit der damit einhergehenden Distanz sinkt das Verständnis für die Landwirtschaft und deren Erzeugnisse.

„VIELE FAKTOREN BEEINFLUSSEN DIE LANDWIRTSCHAFT."

Um die Zukunft skizzieren zu können, müssen verschiedene Aspekte bedacht werden, wie die Entwicklung der Weltbevölkerung, der Strukturwandel, die Spirale des Kostendrucks, die Auswirkungen des Klimawandels sowie die gesellschaftlichen Anforderungen und Veränderungen.

Welche Erneuerungen sind notwendig, um die Ansprüche der Gesellschaft, der weltweiten Ernährungssicherheit mit denen des eigenen Betriebes zu verbinden? Die fachliche Praxis wird sich daher mit den Themen der artgerechten Haltung, dem verantwortungsbewussten Umgang mit der Biodiversität sowie den Nährstoffüberschüssen im Boden selbstkritisch auseinandersetzen müssen, um sowohl mit modernen als auch mit neuen konkreten Ideen den Herausforderungen gerecht zu werden.

„LANDWIRTE MÜSSEN EINGELAUFENE PFADE VERLASSEN."

Neue Wege fordern sowohl den Landwirt als auch den vor- und nachgelagerten Bereich der Agrarbranche sowie unsere Gesellschaft heraus, beherzte und individuelle Entscheidungen zu treffen und Bereitschaft zu signalisieren, eingelaufene Pfade zu verlassen, um damit eine wettbewerbsfähige, moderne und gleichzeitig ebenso nachhaltige Produktion – konventionell wie auch ökologisch – zu ermöglichen.

Zukunftsweisende Entwicklungen, die unter dem Stichwort „Landwirtschaft 4.0" zusammengefasst werden, wie beispielsweise die künstliche Intelligenz autonom fahrender Mähdrescher, ermöglichen bereits heute eine Erhöhung der Produktivität bei Stärkung unserer Wettbewerbsfähigkeit und Schonung unserer Ökosysteme. Diese Technologien entwickeln sich mit der digitalen Transformation dynamisch weiter und werden helfen, branchenübergreifende Weichen für die Zukunft zu stellen.

In den nächsten Jahren bedarf es ebenfalls einer respektvollen und fairen Diskussion zwischen allen Beteiligten, um eine zukunftsorientierte und transparente Agrarpolitik zu schaffen, die im Kern den Schutz der Natur sowie die Entwicklung der modernen Landwirtschaft des 21. Jahrhunderts widerspiegelt.

Die Innovationskraft und der technische Fortschritt der Branche, die Bereitschaft zur Verantwortung im ländlichen Raum sowie das hohe Maß an privatem und unternehmerischem Engagement der Landwirte und deren Familien werden es ermöglichen, die vor uns liegenden Aufgaben klug zu lösen, sodass auch im Jahr 2029 eine selbstbewusste Landwirtschaft am Agrarstandort Deutschland nachhaltig, intelligent und produktiv erntet.

MAX-FERDINAND VON KORFF, *1984

Aufgewachsen in Westfalen auf einem eng mit der Land- und Forstwirtschaft verbundenen Betrieb, studierte Max-Ferdinand von Korff von 2005 bis 2010 Agrarwissenschaften an der Universität Göttingen mit Stationen in Russland, der Tschechischen Republik und den USA. Sein beruflicher Werdegang startete mit einem Traineeship beim Landtechnikhersteller CLAAS in Harsewinkel, das ihn unter anderem nach Indien führte. Nach einer dreijährigen Tätigkeit im deutschen Vertrieb wurde er 2015 samt seiner Familie nach Bangkok entsandt, wo er seither den Vertrieb für Märkte in Ost- und Südostasien verantwortet.

ERNÄHRUNG STEFAN TEEPKER

MODERNE TOOLS FÜR MEHR TIERWOHL

Wahrscheinlich gibt es nur beim Fußball mehr „Experten" als beim Thema Ernährung. Wen aber fragen, wenn es um ein für uns so wichtiges, ja essenzielles Thema wie Ernährung geht? Wir brauchen Fakten, keine Emotionen.

Wir müssen – vorausgesetzt, wir alle als Gesellschaft wollen das – wieder in Forschung und Bildung investieren. Ideologiefrei. Zielorientiert. Dies bedarf einer Zielformulierung, wobei es sich um einen Weg und nicht um ein fixes Ziel handeln muss. Dieser Weg und seine Zwischenziele müssen überprüft und ggf. angepasst werden. Entscheidend dabei ist: Ohne die Landwirte mitzunehmen, geht es nicht. Und ohne ein Verständnis für ökonomische Zusammenhänge auch nicht.

Landwirte produzieren nicht am Markt vorbei. Stark schwankende Preise aufgrund von Überangebot oder knapper Ware, resultierend aus Wetterextremen, oder auch Mengenanpassungen infolge nicht auskömmlicher Preise werden heute von jungen Landwirten als Herausforderung wahrgenommen. Freie Märkte mit verlässlichen Rahmenbedingungen und Planungssicherheit für Investitionen – das ist es, was wir brauchen. Keine gesetzlichen Alleingänge auf Bundes- oder Länderebene.

Im Bereich der Tierhaltung brauchen wir eine (mindestens) nationale Nutztierhaltungsstrategie. Aktuell herrscht für die Tierhaltung ein faktischer Baustopp, d.h., weder Neu- noch Umbauten werden genehmigt. Verlierer sind unsere Tiere und wir Landwirte. Unsere Tiere, weil ein Mehr an Tierwohl nur in neuen oder modernisierten Ställen möglich ist. Wir Landwirte, weil eine höhere Effizienz, der Einsatz moderner Technik sowie die Umsetzung neuer wissenschaftlicher Erkenntnisse nicht möglich sind und somit Wettbewerbsnachteile entstehen.

„WER ZAHLT FÜR MEHR TIERWOHL? WIE SCHAFFEN WIR DAS?"

Doch was muss passieren, damit Landwirtschaft im Jahr 2029 in Deutschland stattfindet und wir somit überhaupt mitentscheiden können, wie unsere Ernährung aussieht? Ich bin mir sicher, dass wir künftig mehr Tierwohl anbieten werden, dass wir nachhaltiger werden. Dazu müssen wir Tools entwickeln, die den Fortschritt mess- und belegbar machen. Wer aber zahlt das? Das Bekenntnis am Eingang des Supermarktes, mehr für Regionalität, Nachhaltigkeit und Tierwohl zahlen zu wollen, reicht nicht aus. An der Kasse, dem Point of Sale, muss es klingeln. Da müssen wir hin.

Der Lebensmittel-Einzelhandel ist der Schlüssel. An die Produktion und Verarbeitung kann maximal jenes Geld weitergeleitet werden, das hier eingenommen wird. Solange der Kunde die Möglichkeit bzw. die Wahl zwischen „günstig" und „höherpreisig" hat, wird er sich in den meisten Fällen für „günstig" entscheiden. Als positives Beispiel kann man die Auslistung von Eiern aus Käfighaltung nennen. Hier hat der Kunde heute noch die Möglichkeit, zwischen Eiern aus Boden-, Freiland- und Biohaltung zu wählen (nicht aber günstige Eier aus Käfighaltung). Der nächste Schritt wäre, auf Produkten, in denen Eier verarbeitet wurden, zu deklarieren, woher die Eier stammen, um dort ebenfalls die Eier aus Käfighaltung zu verbannen. Neue Haltungsformen und Anbauverfahren müssen begleitet werden. Wissenschaft und Forschung müssen darauf neu ausgerichtet werden. Ergebnisoffen!

„LANDWIRTSCHAFT 4.0 BRAUCHT BILDUNG. UND MAXIMALE TRANSPARENZ."

Selbstfahrende Schlepper, Roboter, die Unkraut zupfen, Drohnen, die die Felder überwachen, oder intelligente Kameras im Stall und Sensoren, die in Echtzeit ihre Daten in Big-Data-Anwendungen einspielen …

All das braucht Bildung, Menschen, die das bedienen können, und die passende nötige Infrastruktur. Der Breitbandausbau kommt heute nur da voran, wo engagierte Bürger und Unternehmer anpacken. Aber auch „alte" Infrastruktur wird gebraucht: Straßen und Wege müssen erneuert und ausgebaut werden, denn der Weizen lässt sich auch im Jahr 2029 nicht per App vom Mähdrescher ins Lager schicken. Die Landwirte müssen sich öffnen, offen sein für Neues. Wir müssen erkennen, dass wir in einem Lebensraum wirtschaften. Wir müssen erklären, was wir tun und warum das notwendig ist. Maximale Transparenz.

Denn Ernährung geht uns alle an. Sie ist außerdem ein starker Motor für den ländlichen Raum und für die Menschen, die dort leben und arbeiten. Das alles an einem Standort und in einem Land mit den besten Voraussetzungen. Wir müssen das nur wollen, mitgestalten und anpacken.

STEFAN TEEPKER, *1980

Bereits in jungen Jahren bewies Stefan Teepker, dass er ein Unternehmerlandwirt mit Tatkraft und Herz ist. Im Jahre 2002 übernahm er den elterlichen Betrieb im Emsland, schaffte Milchviehhaltung und Bullenmast ab und spezialisierte sich gänzlich auf Schweinehaltung und Hähnchenmast. Heute hält der Landwirtschaftsmeister, Geschäftsführer der Maschinengemeinschaft in Handrup, Vorsitzende der DLG und vierfache Familienvater 1000 Säue inkl. Ferkelaufzucht, über 4800 Schweinemastplätze und eine Hähnchenmast; dazu kommen zwei Biogasanlagen, eine Photovoltaikanlage und eine Hackschnitzelheizung.

VERTEI-
DIGUNG

BÜNDNISSE ANDRONIKE ROEDEL

DIE WEHRPFLICHT WÄRE EIN WICHTIGER SCHRITT

Die vielschichtigen Krisen der letzten Monate und Jahre, sei es der Ukraine-Konflikt, die Flüchtlingskrise oder der anhaltende Krieg in Syrien, haben die Debatte um die Zukunft der Sicherheits- und Verteidigungspolitik in die Mitte der deutschen Gesellschaft gerückt. Kaum ein Thema scheint derzeit dringlicher und mit mehr Vehemenz in Wohnzimmern, Eckkneipen und Talkshows der Bundesrepublik diskutiert zu werden als die Fragen „Wie ist es um unsere Sicherheit bestellt?", „Was haben wir zu befürchten?" und „Schaffen wir das?".

Eines ist sicher: Wer Frieden, Freiheit und Sicherheit in Europa erhalten möchte, wird nicht umhinkommen, aktiv dafür Verantwortung zu übernehmen. Verantwortung nicht nur für sich selbst, sondern auch für seine Partner – in EU, NATO und VN. Oder wie der ehemalige polnische Außenminister

(2007–2014) Radosław Sikorski einst sagte: „Deutsche Macht fürchte ich heute weniger als deutsche Untätigkeit."

In Zukunft werden wir uns daher noch stärker personell, finanziell und konzeptionell in die Weiterentwicklung der europäischen und transatlantischen Verteidigungsarchitektur einbringen müssen. Dazu wird es zunächst notwendig sein, solide nationale sicherheits- und verteidigungspolitische Grundlagen zu schaffen.

„SICHERHEIT GEHT UNS ALLE AN."

In meinen Augen wäre die Wiedereinführung der Wehrpflicht hier ein erster wichtiger Schritt. Zum einen stellt die Wehrpflicht die beste Möglichkeit zur Nachwuchsgewinnung für die Bundeswehr dar. Zum anderen kann nachhaltige Sicherheits- und Verteidigungspolitik nur gelingen, wenn sie auch von der Breite der Gesellschaft mitgetragen wird. Denn: Sicherheit geht uns alle an. Die Rückkehr zur Wehrpflicht würde dieses Bewusstsein stärker als jede andere Maßnahme in der deutschen Gesellschaft verankern.

Neben einer vorausschauenden Personalpolitik für unsere Streitkräfte wird die Weiterentwicklung und Stärkung unserer nationalen technologischen Souveränität von entscheidender Bedeutung für unser internationales sicherheitspolitisches Engagement sein. Wie im Weißbuch 2016 richtig beschrieben, werden die Bedrohungen der Zukunft in einem stärkeren Maße auch aus dem Cyberraum kommen. Wir müssen deshalb strategisch und nachhaltig in Bildung und Forschung, aber vor allem auch in Start-ups und Fähigkeitsentwicklung im Bereich Cyber- und Informationstechnologien investieren. Die Schaffung des neuen Cyber-Kommandos der Bundeswehr ist hier ein wichtiger Schritt in diese Richtung. Ich bin hoffnungsvoll, dass sich Deutschland in den nächsten Jahren zu einem Innovationsmotor entwickeln wird, der den technischen Fortschritt auch in den Verteidigungsbündnissen maßgeblich vorantreiben wird.

„DEUTSCHLAND GILT INTERNATIONAL ALS FAIR UND ZUVERLÄSSIG."

Deutschland hat neben seinem Innovationspotenzial noch zahlreiche weitere Fähigkeiten, die es einbringen kann, um die Sicherheits- und Verteidigungspolitik von EU und NATO fit für die Zukunft zu machen. Vor allem genießt die Bundesrepublik weltweit ein hohes Ansehen als besonnene, faire und zuverlässige Nation. Diesem Ruf werden wir auch in Zukunft weiter gerecht werden, indem wir – gemeinsam mit unseren Partnern – im Rahmen des „vernetzten Ansatzes" besonderen Wert auf internationale Konfliktprävention, -lösung und -nachsorge legen.

Ich bin somit zuversichtlich, dass Deutschland – und die Deutschen – in den kommenden Jahren in eine tragende und verantwortungsvolle Führungsrolle in den internationalen Verteidigungsbündnissen hineinwachsen werden mit dem bereits im Grundgesetz formulierten Ziel, „als gleichberechtigtes Glied in einem vereinten Europa dem Frieden der Welt zu dienen".

ANDRONIKE ROEDEL, *1986

Nach ihrem Studium der Sicherheitspolitik und Nahostwissenschaften in München und London war Andronike Roedel als wissenschaftliche Mitarbeiterin für Außen- und Sicherheitspolitik beim Deutschen Bundestag tätig, später als Referentin im Auswärtigen Amt in der Abteilung für Krisenprävention, Stabilisierung und Konfliktnachsorge sowie in der Abteilung Politik des Verteidigungsministeriums. Derzeit arbeitet sie in einem Unternehmen für Cybersicherheit. Roedel ist Reserveoffizier der Bundeswehr und hat u. a. im Kommando Luftwaffe und bei der Münchener Sicherheitskonferenz Wehrübungen geleistet.

CYBERSICHERHEIT DR. GUNDBERT SCHERF

SICHERHEIT WIRD IM CYBERRAUM ENTSCHIEDEN

Von Cyberattacken in der hybriden Kriegsführung Russlands über Wahlen und Fake News bis zur Industrie 4.0: Cyber-Sicherheit ist als Thema omnipräsent.

Die Bedrohung wurde erkannt – vermehrt tauchen Stichworte wie DDoS-Attacken, APTs, Backdoors, Hacktivists und Cyber-Armeen auf. Und doch bleibt der Cyberraum für die meisten wenig mehr als eine abstrakte Größe, die primär Experten, CIOs und CISOs, den Computer Chaos Club und Nachrichtendienste beschäftigt. Dabei sind wir als Bürger und Endkonsumenten, bspw. durch unsere 2,4 Mio. Suchanfragen auf Google oder unsere 700 000 Logins bei Facebook pro Minute, die Treiber der Digitalisierung und erzeugen 70 % der Daten selbst.

Cyber-Sicherheit ist weitaus mehr als ein abstraktes Expertenthema, geht es doch um nichts weniger als um die Zukunft unserer Wirtschaft, um unsere Sicherheit und unsere Werte.

WARUM CYBER-SICHERHEIT ESSENZIELL FÜR DIE ZUKUNFT DER DEUTSCHEN WIRTSCHAFT IST

Wir leben in der am stärksten vernetzten Welt, die es je gab. Innerhalb der letzten zwei Jahre wurden mehr neue Daten erzeugt als in der gesamten menschlichen Geschichte bisher. Die globalen grenzüberschreitenden Datenströme sind der Treiber der Globalisierung und somit des globalen Wirtschaftswachstums geworden. Die grenzüberschreitende Netz-Bandbreite ist gegenüber dem Jahr 2005 um das 45-Fache angestiegen und wird bis zum Jahr 2020 noch einmal um das Neunfache steigen (McKinsey Global Institute, 2016).

Infolge der exponentiellen Digitalisierung wird unsere Angriffsfläche weiter wachsen. Im „Internet of Things" werden zunehmend Elemente unserer physischen Welt vernetzt und damit angreifbar sein. 50 Prozent der Verbindungen in der IoT-Welt von 2020 werden mit physischen Elementen bestehen – mit Gebäuden, Thermostaten, Energiesystemen, Schienennetzen und Herzschrittmachern. Zunehmend werden unser Wirtschaftswachstum und damit unser wirtschaftlicher Wohlstand von der Cyber-Sicherheit unserer Daten abhängen.

Ohne Cyber-Sicherheit sind datenbasierte Geschäftsmodelle der Industrie der Zukunft nicht vorstellbar. Ein autonomes Auto, das bis zu 1 Gigabyte Daten pro Sekunde erzeugt und in Echtzeit Daten benötigt, um damit wichtige Entscheidungen zu treffen, ist ohne die Verlässlichkeit und Integrität der Daten wie ein konventionelles Auto ohne Fahrer oder Bremssystem.

WARUM CYBER-UNSICHERHEIT DAS „NEW NORMAL" IN DER SICHERHEIT SEIN WIRD

Während sich also Wirtschaft und Gesellschaft immer stärker vernetzen und verwundbarer werden, wird die Cyberattacke für absehbare Zeit das Angriffsinstrument der Wahl unserer Gegner, wird Cyber Insecurity das „New Normal" sein.

Denn: Cyberangriffe sind günstig, schwer auf ihren Urheber zu attribuieren und erzeugen alleine durch ihre Wahrnehmung eine breite Wirkung. Die Angriffe reichen dabei von Spionage über mögliche Cyberterrorakte bis hin zu groß angelegten Sabotageattacken; die Angreifer dahinter können Cyberkriminelle, Hacktivisten oder Geheimdienste und Militäreinheiten sein. Mehr als 30 Länder besitzen bereits heute professionelle Cyber-Einheiten, noch mehr haben Zugriff auf die breit verfügbaren Technologien für Angriffe.

DREI ECKPUNKTE FÜR MEHR CYBER-SICHERHEIT IN WIRTSCHAFT UND GESELLSCHAFT

Was also müssen wir tun, um den enormen Produktivitätsgewinn der

Digitalisierung zu nutzen – Stichwort Industrie 4.0 – und die substanziellen Risiken auf der anderen Seite – DDoS-Attacken und Hacking – zu vermeiden?

1. Deutsche Unternehmen müssen Cyber-Sicherheit als Differenzierungsfaktor erkennen – getrieben durch das Topmanagement.

Von Smart Manufacturing im Industriebereich über Smart Grids im Energiebereich bis hin zu Smart Cities in unserer Infrastruktur: „Smart" kommt nicht ohne „Security" aus. Cyber-Sicherheit muss zu einem echten Differenzierungsfaktor der deutschen Industrie werden.

Cyber-Sicherheit „by design" verlangt die Berücksichtigung des Themas in der Entwicklungsphase von Produkten, in allen Kernprozessen und entlang der gesamten Wertschöpfungskette. Cyber-Sicherheit hat, so verstanden, einen ganzheitlichen Charakter, ähnlich wie das Total Quality Management der 1980er- und 1990er-Jahre.

2. Deutschland muss in Spitzenforschung, in Krypto- und Cyber-Technologien sowie in neue Start-up-Ökosysteme investieren, um die Industrie 4.0 erfolgreich umzusetzen.

Cyber ist mehr als eine technologische Herausforderung – bedarf aber auch technologischer Mittel, um Prävention, Erkennung und Reaktion zu unterstützen. Investitionen in Machine Learning, Advanced Analytics und Quantencomputing bergen großes Potenzial. Ein breit angelegtes Forschungsprogramm (zivil-militärisch kombiniert) sollte dies heute für 2029 auf den Weg bringen. Die amerikanische DARPA oder das israelische MAFAD sind Beweis dafür, dass Investitionen in militärische Anwendungen von Technologien breite Erträge für Anwendungen in kommerziellen Produkten liefern können.

Damit diese Investitionen auch wirklich in Anwendungen münden, braucht es ein Ökosystem von Start-ups, das aus Forschung erste Prototypen und Produkte entwickelt. Israels 400 Start-ups nur im Bereich Cyber-Sicherheit zeigen, dass dies durch konsequente Vernetzung von Forschung, Sicherheitsbehörden und Wirtschaft auch mit begrenzten Mitteln funktionieren kann.

3. Die deutsche Sicherheitsarchitektur muss den Zeiten von Cyber-Sicherheit angemessen gestaltet werden.

Cyberangriffe machen keinen Halt vor nationalen Grenzen, noch weniger vor Zuständigkeitsgrenzen. Cyber-Sicherheit-Kompetenzen sind heute in allen Sicherheitsressorts (BMI, BMVg, AA, Teilen des BMWi) sowie auf Bundes- und Länderebene sehr verteilt. Die Fragmentierung des Cyber-Lagebilds und der Reaktionskompetenzen muss durch gemeinsame Lagezentren, Übungen und geteilte Kompetenzen erreicht werden. Nachrichtendienstliche Informationen müssen – im gesetzlichen Rahmen – breiter und digitaler nutzbar sein. Technologie kann helfen, die Datenausschnitte verfügbar zu machen, die gesetzlich einsehbar sein sollen. Der Bundessicherheitsrat muss sich dafür oberhalb des Cyber-Sicherheitsrats als zentrales Gremium auch zur strategischen Steuerung der Cyber-Sicherheit etablieren; operativ muss das National Cyber-Abwehrzentrum diese Rolle mit echter Beteiligung aller relevanten Behörden und Dienste leisten.

Deutschlands Sicherheit und Wohlstand werden im Jahr 2029 im Cyberraum entschieden, in dem es nicht nur um die technische Sicht auf Nullen und Einsen, sondern um Werte und Interessen geht – unsere Werte und Interessen, die es schon heute zu schützen gilt.

DR. GUNDBERT SCHERF, *1982

Der promovierte Volkswirt und Politologe (Studien in Maastricht, Berkeley, Berlin, Cambridge und Paris) ist Mitglied der Atlantik-Brücke, der Young Leaders und des Wirtschaftsforums der FDP. Als Partner von McKinsey & Company berät er Klienten in Fragen der Digital-Strategie, Innovation und Cyber-Sicherheit. Von 2014 bis 2016 entwickelte er als Teil des Leitungsteams im Verteidigungsministerium die Strategie der Bundeswehr für den Cyberraum sowie die Blaupause für den Aufbau des Cyber- und Informationsraum-Kommandos (CIRK), der neuen Cyber- und IT-Abteilung und des Cyber Innovation Hubs.

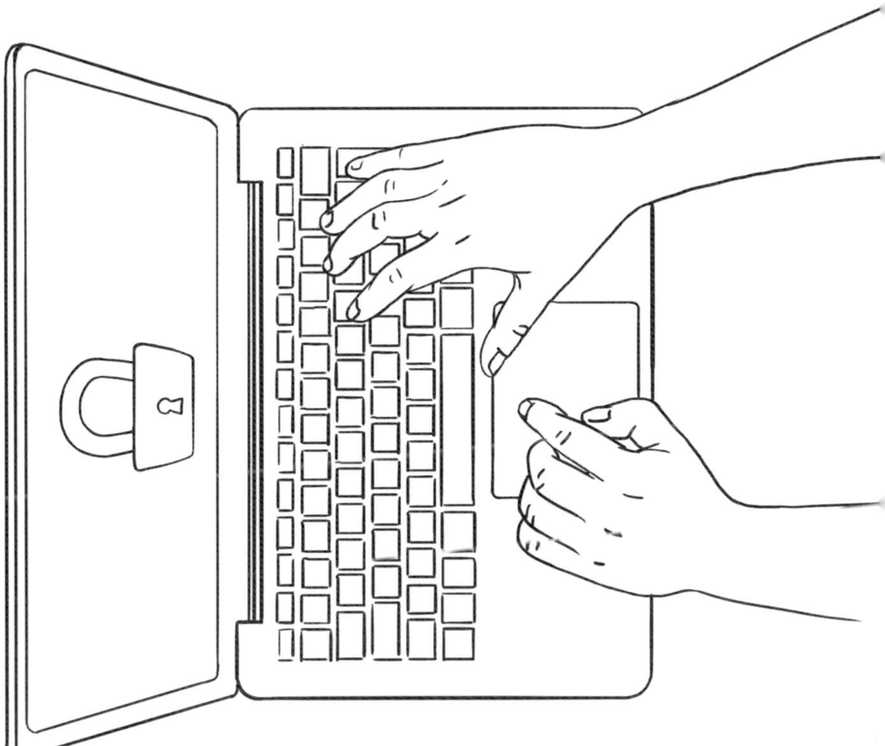

ENTWICK-
LUNG

GLOBALISIERUNG YOUNES OUAQASSE

VOR DER WIRT-SCHAFT KOMMT DAS ICH

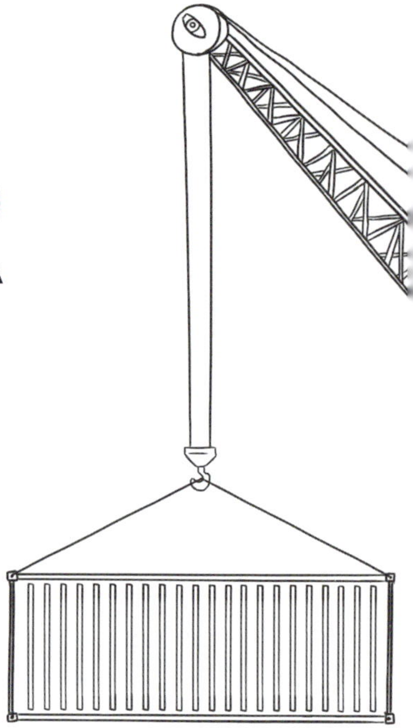

Der Starbucks-Kaffee im österreichischen Skigebiet, die Lindt-Schokolade in Afrika oder das deutsche Mineralwasser in einem kroatischen Quelldorf: Die allgegenwärtige Verfügbarkeit von Produkten aller Art begleitet uns schon seit Jahrzehnten, prägt unser Konsumdenken und ist Sinnbild des globalen Handels.

Die Wirtschaft – mit Seidenstraße, Hanse und East India Company eigentlich schon immer Weltwirtschaft – war Vorbote einer internationalen Vernetzung, die zwangsläufig eine politische Dimension nach sich zog. Wo makroökonomische Interessen im Raum stehen, ist die Politik nicht weit. Handelsverträge und Zollabkommen sind die politischen Instrumentarien, um das Geldverdienen zu vereinfachen und den gesellschaftlichen Wohlstand zu beschleunigen. Die Expansions- und die Hegemonialpolitik, die seit Jahrtausenden wiederkehrende Ursachen für Kriege und Konflikte sind, formten und formen globale Wechselwirkungen.

So öffentlich, politisch und gesellschaftlich diese Globalisierungsmerkmale auch sein mögen, so deutlich wird, dass Globalisierung eine ganz individuelle, ja in jedem von uns unterschiedlich ausgeprägte Dimension des Denkens und Handelns ist.

Der Wunsch des Entdeckens und des Verstehens des vermeintlich Fremden oder die Bereitschaft zum Erlernen anderer Sprachen sind das Fundament einer geistigen Globalisierung, aus der eine ökonomische und politische Globalisierung erst entstehen kann. Der Grad dieses inneren Globalisierungsverständnisses hat sich in den letzten zwanzig Jahren fundamental verändert.

„GLOBALISIERUNG SETZT EINE MENTALITÄT DER OFFENHEIT UND NEUGIERDE VORAUS."

Die Bedeutung von Bildung und Kommunikation, damit Sprache und Vernetzung unter Gleichgesinnten, hat exponentiell zugenommen. Verantwortlich dafür ist eine westliche Friedensordnung, die einen geografischen Raum geschaffen hat, der historisch einmalig ist und in dem sich jeder einzelne Bürger ohne Grenzen oder Gewalt frei bewegen und betätigen kann. Dieser europäische Frieden mit transatlantischer Dimension ist das Fundament von Innovationen, Gedanken und Ideen, das eine globale Vernetzung auf allen Ebenen erst ermöglicht.

„UNSERE GLOBALISIERUNGSWERKZEUGE SIND INTERNET UND EASYJET."

Unsere Generation hat mit Erasmus und Fulbright die Möglichkeit eines globalisierten Alltags bekommen, in dem Internet und easyJet die wichtigsten Werkzeuge sind. Ob Start-ups mit 25 Mitarbeitern und 25 Nationalitäten oder das Paar aus Spanien und Polen, das eine Generation von Erasmuskindern begründet – all das ist Normalität.

So fortgeschritten diese Prozesse bereits sein mögen, so elitär und exklusiv sind sie zugleich: Die Stipendienprogramme haben leider immer noch eine überwiegend akademische Ausprägung, sodass die Jugendlichen in Ausbildungsberufen davon meist nichts mitbekommen. Es ist überflüssig, zu erklären, dass dieser Missstand eine Dimension erreichen kann, der die positiven Chancen und Potenziale einer global vernetzten Welt schnell in sich zusammenfallen lässt.

Die Grundlagen sind geschaffen, jetzt gilt es, sie auszuweiten und der gesamten Bevölkerung zugänglich zu machen. Denn geistige Globalisierung ist nur dann das beste Mittel gegen Populismus, Abschottung und Nationalismen, wenn sie auch als soziales Bindemittel bestehen kann.

Je erfahrbarer, emotionaler und alltäglicher diese positiven Globalisierungserfahrungen in der Bevölkerung sind, umso mehr werden sie ihre Kraft entfalten können, diese Friedensordnung zu exportieren und mit ihr unsere Werte von Demokratie, Freiheit und sozialer Marktwirtschaft.

YOUNES OUAQASSE, *1988

Geboren in Mannheim, wuchs der Sohn marokkanischer Eltern in Marrakesch auf und kehrte mit acht Jahren als Arabisch sprechender Grundschüler in seine kurpfälzische Heimat zurück. Seine frühe Begeisterung für Politik machte ihn zum ersten muslimischen Bundesvorsitzenden der Schüler Union sowie zum jüngsten gewählten Mitglied im CDU-Bundesvorstand. Younes Ouaqasse war an der Gründung der Kiron University beteiligt und leitete die Internationale Kommission der Jungen Union. Er ist Mitglied im Vorstand der Europäischen Volkspartei (EVP) und als Business Director Politics bei der Quadriga tätig.

MIGRATION TOBIAS ZECH

WIR MÜSSEN DIE SCHEU-KLAPPEN ENDLICH ABLEGEN

Der Begriff „Migration“ hat zurzeit ein Imageproblem. Wie ein Schreckgespenst liegt er über der Diskussion. Dabei ist diese Bewegung so alt wie die Menschheit selbst, denn die Menschen sind immer schon gewandert. Wer dies komplett verhindern will, wird scheitern. Wer denkt, dass sich solche Bewegungen nicht steuern lassen oder nicht gesteuert werden sollten, der opfert auf dem Altar falsch verstandener Humanität die Errungenschaften moderner Staatlichkeit – zum Nachteil aller Beteiligten. Migration gelingt dort, wo sie von der Politik begleitet, gesteuert wird. Und steuern kann man diese Bewegungen nur international. Deutschland muss daher in den kommenden Jahren in Europa und auf globaler Ebene an Lösungen mitarbeiten, auf Lösungen drängen.

Die Flüchtlingsströme der vergangenen Jahre haben vielen Menschen in Deutschland Angst gemacht. Angst, dass sich ihr Land verändern wird – zum

Schlechten. Diese Angst muss man den Menschen nehmen, indem man ihre Sorgen dort ernst nimmt, wo sie berechtigt sind. Dort, wo die positiven Auswirkungen der Migration für die Menschen nicht sichtbar sind, muss man sie ihnen aufzeigen. Man muss etwa erklären, wie sehr unsere Sozialsysteme heute schon unter Druck wären – ohne Zuwanderer.

Die Politik muss Rahmenbedingungen schaffen, die das Wohl aller Beteiligten im Auge haben – das der Migranten ebenso wie das Wohl der Bevölkerung in den Herkunfts- und Zielländern.

Als Erstes geht es natürlich um die Menschen in unserem Land, um ihr Bedürfnis nach innerer, äußerer und sozialer Sicherheit. In einer globalisierten Welt kann und darf unser Einsatz für Freiheit, Sicherheit und Wohlstand aber nicht an unseren Landesgrenzen enden. Dazu verpflichten uns die Moral und ein vernunftgesteuerter Verantwortungssinn für die Welt, die wir alle zusammen bewohnen.

„INTEGRATION MUSS AUCH VONSEITEN DER MIGRANTEN GEWOLLT WERDEN."

Migranten wollen das eigene Leben oder das ihrer Kinder verbessern. Die Gründe, die eigene Heimat zu verlassen, sind dabei vielfältig: von fehlenden Arbeitsmöglichkeiten über wirtschaftliche Notlagen und Hunger bis hin zu Bedrohungen für Leib und Leben, etwa in einem Kriegsgebiet. Aber für jeden, egal aus welchem Grund er zu uns kommt, gilt: Wir erwarten, dass jeder, der hier leben will, unsere Werte der Aufklärung, der Freiheit, unsere Liberalität akzeptiert – und nicht nur toleriert. Integration muss auch vonseiten der Migranten gewollt und gesucht werden.

„DIE VEREINTEN NATIONEN MÜSSEN RECHTZEITIG MITTEL ZUR VERFÜGUNG HABEN."

Viele, die sich auf Wanderschaft machen, würden aber auch gern in ihrer Heimat bleiben, wenn die Rahmenbedingungen stimmen. Auch hier müssen wir aktiv werden.

Bei Szenarien wie in Syrien wird es darauf ankommen, vor Ort schnell und nachhaltig zu helfen. Das Flüchtlingshilfswerk der Vereinten Nationen muss rechtzeitig ausreichende Mittel zur Verfügung haben, um derartige Notsituationen aufzufangen und somit die Ausbreitung solcher Krisensituationen über die betroffene Region hinaus zu verhindern. Unser Vorwarnsystem muss hier optimiert werden, Spendenzusagen müssen verpflichtend sein und – wenn nötig – eingetrieben werden können. Und selbstverständlich muss mit Nachdruck daran gearbeitet werden, dass auch bei der Lösung eines solchen Konflikts das Primat der Diplomatie gesichert ist.

Bei wirtschaftlich motivierter Migration wird es darum gehen, mithilfe von Bildung, Schaffung von Arbeitsplätzen oder der Unterstützung beim Aufbau rechtsstaatlicher Strukturen den Menschen Perspektiven in ihrer Heimat zu eröffnen. Hier müssen Scheuklappen abgelegt werden und noch viel mehr Unternehmen sowie nichtstaatliche Organisationen mit eingebunden werden.

TOBIAS ZECH, *1981

Tobias Josef Zech sitzt seit Oktober 2013 im Deutschen Bundestag (CSU) und seit 2015 in der Parlamentarischen Versammlung des Europarates, wo er unter anderem als Berichterstatter für die politische Situation im Libanon tätig ist. Er ist Mitglied in den Ausschüssen für Arbeit und Soziales sowie für wirtschaftliche Zusammenarbeit und Entwicklung. 2016 übernahm er das Amt des stellvertretenden Fraktionsvorsitzenden der Europäischen Volkspartei im Europarat. Zech hat acht Jahre als Zeitsoldat in der Bundeswehr gedient und fungiert als Stellvertreter des Präsidenten im deutschen Reservistenverband.

AUSWÄR-
TIGES

EUROPÄISCHE UNION PIA SEYFRIED

STRATEGIE UND PRAGMATISMUS

Im Jahr 2017 ist die Europäische Union von innen und außen durch existenzbedrohende Entwicklungen herausgefordert. EU-Kommissionspräsident Juncker hat in einem Weißbuch mögliche Szenarien der EU für das Jahr 2025 skizziert. Es geht dabei um eine zentrale Frage, die uns alle betrifft: Wie gestalten wir als Europäer unsere Zukunft?

2005

In den Schulferien reiste ich nach Brüssel und suchte als Praktikantin der Berliner Landesvertretung bei der EU meine erste direkte Begegnung mit den europäischen Institutionen. Es folgten überwältigende Einblicke in ein komplexes politisches System, das mich erahnen ließ, in welcher Dimension es Deutschland und mich persönlich betrifft. Ich reiste ab mit der Prämisse: Wenn ich deutsche Politik verstehen, denken und gestalten will, gelingt dies nur innerhalb der Europäischen Union. Dadurch wurde Politik nicht gerade klarer, aber ihr Bezugsrahmen: damals, heute, für die Zukunft.

„WIR ÄCHZEN VON ALTEN ZU NEUEN KRISEN.“

2017

60 Jahre Römische Verträge markieren einen Meilenstein europäischer Integra-

tionsgeschichte. Die EU steht für Frieden, Freiheit, Demokratie, Rechtsstaat, Wohltand und kulturelle Identität. Gleichzeitig prallen scheinbar unversöhnliche zwischenstaatliche, aber auch innergesellschaftliche Gegensätze aufeinander. Wir ächzen von alten zu neuen Krisen und wissen ob der gefühlten Endlosigkeit nicht mehr, was eine Krise eigentlich definiert. Raus aus dem Krisenmodus, rein in den Kreativmodus: Wir müssen eine eigene Vorstellung unserer Zukunft erstreiten, umsetzen und verteidigen.

„DEUTSCHLAND ÜBERNIMMT EINE GESTALTUNGSROLLE."

2029

Den Diskurs innerhalb der EU prägt ein Geist der Versöhnung. Konflikte werden gelöst, weil sich Politik, Medien und Gesellschaft auf eine konstruktive Auseinandersetzung mit dem Ziel europäischer Kohäsion einlassen. Nationale Politik und Medien bekennen sich konsequent zu Europa, handeln und kommunizieren entsprechend. Dadurch ist auch für die Bürgerinnen und Bürger Europapolitik selbstverständlich.

Es gibt eine differenzierte Auseinandersetzung über Europas Selbst, über die Interpretation gemeinsamer Werte, seine Interessen sowie geopolitische Prioritäten. Dies geschieht individuell für jedes Politikfeld (Strategic Councils). Die Initiatorrolle liegt beim Europäischen Parlament, die Europäische Kommission ist die von ihm kontrollierte Exekutive. Der Reflexionsprozess kann zur Folge haben, dass sich europäisches Handeln auf ausgewählte Politikbereiche konzentriert oder ein Handeln auf EU27+X-Ebene einen Mehrwert bietet. Deutschland übernimmt mit seinem wirtschaftlichen und gesellschaftlichen Potenzial eine Gestaltungsrolle, indem es sich selbstbewusst impulsgebend, aber integrativ vermittelnd in die europäische Debatte einbringt.

Eine gemeinsame EU-Politik ist nur auf dem Prinzip der Freiwilligkeit möglich. Praktisch schreiten daher Länder in für sie prioritären Politikbereichen in flexiblen Kooperationsformen voran, aus denen sich ein Konzept konzentrischer Integrationskreise ergibt. Die Kooperation bleibt niemals exklusiv, sondern offen für alle Mitgliedsstaaten. Eine Gruppe von Staaten beschließt bspw. im Bereich der Sicherheitspolitik, Kapazitäten zu bündeln und sich mit handlungsfähigen Instrumenten auszustatten: Erstellung gemeinsamer Lageanalysen, Ausbau polizeilicher und nachrichtendienstlicher Zusammenarbeit mit gemeinsamen Datenbanken, Einsatz gemeinsamer militärischer Fähigkeiten zur maritimen Grenzsicherung.

Sollte sich – insbesondere in Politikfeldern wie (innere und äußere) Sicherheit

– eine flexible Zusammenarbeit für die Bewältigung von geteilten Herausforderungen als positiv erweisen, wird dies automatisch zu einer Vertiefung der Kooperation führen und bestehende Institutionen stärken oder neue hervorbringen. Damit mag sich auch die Frage der Finalität erneut stellen; nicht als pathetisches Konzept, aber auf der Grundlage strategischer Überzeugung und funktionierender Strukturen.

PIA SEYFRIED, *1986

Pia Philippa Seyfried studierte Politik- und Europawissenschaft am Institut d'Études Politiques Lille, an der Universität Münster und am College of Europe in Warschau. Ihre Expertise liegt in den Bereichen Außen- und Sicherheitspolitik, Terrorismusbekämpfung sowie Intelligence-Kooperation. Seyfried ist als politische Referentin für Europaabgeordnete sowie als Vorstandsassistentin bei Women in International Security Deutschland e. V. tätig. Ehrenamtlich engagiert sie sich als stv. Vorsitzende der Jungen DGAP (Deutsche Gesellschaft für Auswärtige Politik) und ist Leiterin des „Salon Kaleidoskop".

TRANSATLANTISCHES VERHÄLTNIS JACOB SCHROT

DAS GROSSE PROJEKT UNSERER GENERATION

Die junge Generation weiß um die Bedeutung des transatlantischen Bündnisses, allerdings beruht dieses Bewusstsein auf einer pragmatischen Abwägung der Nützlichkeit und nicht auf einem Band der historischen Freundschaft.

Die Abwesenheit eines überspannenden „Kennedy-Moments“ in unserer Generation hat zu dieser emotionalen Loslösung beigetragen. Das ritualisierte Rezitieren von „Ich bin ein Berliner“ und „Tear down this wall“ allein genügt nicht, um das Fundament für die deutsch-amerikanische Beziehung der Zukunft zu begründen. Schließlich kann eine starke Allianz ihre Daseinsberechtigung nicht ausschließlich aus kollektiver Erinnerung speisen, sondern muss eine strategische Perspektive für jene Generationen bieten, die selbst keine Erinnerungen an den Kalten Krieg und damit an die historische deutsch-amerikanische Freundschaft mehr verbinden.

Die Stärke beider Seiten des Atlantiks bei der Entwicklung dieser Perspektive liegt dabei nicht im heutigen Sein, sondern in dem nie aufhörenden zukünftigen Werden der bilateralen Beziehungen. Nicht ein bestimmter Zustand, sondern die Fähigkeit zur stetigen Veränderung schafft den einmaligen Charakter der euro-atlantischen Partnerschaft.Deshalb liegt es besonders an unserer Generation, diese Beziehung mit konkreten Projekten weiterzuentwickeln und die Weichen für die Zukunft des Bündnisses im Jahr 2029 jetzt zu stellen.

„FREIES REISEN UND ARBEITEN AUF BEIDEN SEITEN DES ATLANTIKS."

Ich bin davon überzeugt, dass die Freizügigkeit des Reisens und Arbeitens auf und zwischen beiden Seiten des Atlantiks das große transatlantische Projekt unserer Generation werden sollte. Wir bewegen uns mit großer Selbstverständlichkeit frei durch den Schengen-Raum. Es ist für unsere Generation zur Realität geworden, zunächst in Aachen zu studieren, dann in London ein Praktikum zu absolvieren, im Anschluss einige Monate durch Kalifornien zu reisen und schließlich auf dem Arbeitsmarkt von Paris eine Beschäftigung zu finden.

Der rechtliche und politische Rahmen hat im transatlantischen Raum mit dieser Mobilität unserer Generation nicht Schritt gehalten.

Die Weiterentwicklung des freien Verkehrs von Waren, Dienstleistungen und Kapital genießt bereits große politische Aufmerksamkeit. Doch die Arbeitnehmerfreizügigkeit als vierter Pfeiler eines jeden integrierten Handelsraums darf dabei nicht länger vergessen werden. Dazu zählt auch die gegenseitige Anerkennung von Schul-, Berufs- und Studienabschlüssen zwischen Europa und Nordamerika. Unser Anspruch muss sein, dass beispielsweise eine Krankenschwester aus dem Sauerland mit ihrer Berufsqualifikation auch in Houston, Texas, arbeiten darf. Um unserem mobilen Lebensgefühl politisch gerecht zu werden, sollten die Vereinigten Staaten auch die Bestimmungen zur visumfreien Einreise (ESTA) auf den gesamten Geltungsbereich der Europäischen Union ausdehnen. Langwierige Verfahren zur Ausstellung von Touristenvisa, die sowohl für den amerikanischen Staat als auch für die europäischen Bürger Kosten- und Zeitaufwand bedeuten, sind eine abzubauende Hürde im zivilgesellschaftlichen Kontakt, um Mobilität und Tourismus zu stärken.

„USA UND EU BRAUCHEN EINE GEMEINSAME STIMME IN DER WELT."

Auch die politischen Beziehungen brauchen neue Impulse. Ein wichtiger Schritt wäre die Einsetzung von gemeinsamen Sondergesandten zwecks Unterstreichung der politischen Kohärenz und der kollektiven Entschlossenheit des Bündnisses. Bei Herausforderungen wie der Bekämpfung von Epidemien oder der Neubelebung des Nahost-Friedensprozesses sind die Interessenlagen zwischen der Europäischen Union und den Vereinigten Staaten nämlich oft derart deckungsgleich, dass eine gemeinsame Stimme in Form eines Sondergesandten die Konfliktlösungskompetenz beider Seiten des Atlantiks international sichtbar unterstreichen würde.

Darüber hinaus sollten die Europäische Kommission und die Administration der Vereinigten Staaten und Kanadas regelmäßige „Regierungskonsultationen" nach dem Vorbild der deutsch-französischen und deutsch-israelischen Konsultationen abhalten, um Abstimmungsprozesse zu verdichten und eine Zusammenarbeit zu institutionalisieren.

Neben dem sporadischen Austausch können so grundsätzliche strategische Überlegungen in einem institutionellen Rahmen getroffen werden. Dies schließt auch die Entwicklung eines gemeinsamen politischen Regulierungsrahmens für die Entfaltung der Digitalisierung ein.

Unter dem Leitmotiv der „Regulatorischen Kooperation" sollten möglichst einheitliche Marktstandards bei E-Mobilität, Marktzulassung von Technologie und Patenten geschaffen werden, um die Industrie 4.0 zu einem gemeinsamen euro-atlantischen Erfolgsprojekt werden zu lassen.

JACOB SCHROT, *1990

Der Stipendiat der Konrad-Adenauer-Stiftung studierte in den USA und in Deutschland. Er ist Gründer der Initiative junger Transatlantiker, einer ehrenamtlichen Organisation, die für stärkere Beziehungen in den jungen Generationen auf beiden Seiten des Atlantiks wirbt. Während eines einjährigen Forschungsaufenthaltes in Washington, D.C. arbeitete er für den German Marshall Fund und den US-Kongress an außenpolitischen Fragen. Hauptberuflich ist Schrot im Deutschen Bundestag tätig. Er ist Vorsitzender der außen- und sicherheitspolitischen Vereinigung der Parlamentsmitarbeiter/-innen.

Foto: Michael Hübner

INNERES

INNERE SICHERHEIT NINA WARKEN

AUCH IN DER DIGITALEN WELT UNSERE REGELN DURCHSETZEN

Wie wird unser Land im Jahr 2029 aussehen? Zwölf Jahre – inmitten der Hektik des politischen Betriebs mutet das wie eine fast schon astronomische Zeitspanne an. Eine Herausforderung folgt auf die andere, ein Nachrichtenzyklus jagt den nächsten, und gefühlt jede Woche prasseln völlig neue Themen auf uns alle ein, die auf den ersten Blick ungemein wichtig erscheinen und doch in kurzer Zeit schon wieder von anderen verdrängt werden. Was kann da erst in zwölf Jahren alles geschehen?

Vor zwölf Jahren war Benedikt XVI. gerade zum Papst gewählt worden, Bundespräsident Horst Köhler ordnete auf Vorschlag von Bundeskanzler Gerhard Schröder vorgezogene Neuwahlen an, und ein gewisses „Facebook" feierte euphorisch seinen fünfmillionsten Nutzer. Mein jüngeres Ich beschäftigte sich zu diesem Zeitpunkt noch nicht mit der Inneren Sicherheit, sondern hauptsächlich mit ZPO, StPO und Verwaltungsverfahrensgesetz – das Zweite Staatsexamen stand vor der Tür, und von einer Wahl in den Deutschen Bundestag war noch nicht einmal zu träumen.

Und damit sind wir eigentlich bereits beim Kern des Problems: Niemand kann seriös vorhersehen, was alles in einer solch langen Zeitspanne geschehen wird. Und doch muss Politik dafür Sorge tragen, dass unser Land auch für die Herausforderungen von morgen gewappnet ist.

Viel wichtiger als ein konkreter politischer Fahrplan für die nächsten zwölf und mehr Jahre erscheint mir daher die Haltung, mit der wir als Gesellschaft unserer Zukunft entgegensehen und entgegengehen.

Glauben wir den Sirenengesängen derjenigen, die uns in einer in vielerlei Hinsicht überfordernden Welt einfache Antworten auf komplexe Probleme versprechen? Oder akzeptieren wir, dass Entwicklungen wie Globalisierung und Digitalisierung zwar manches Liebgewonnene infrage stellen, uns aber auch Möglichkeiten eröffnen, von denen unsere Großeltern nicht einmal zu träumen wagten? Dass unsere freiheitliche Demokratie mit ihrer komplizierten Zuständigkeitsverteilung uns zwar häufig schwerfällig erscheint, aber doch bei all ihren Mängeln über viele Krisen hinweg eine Widerstandskraft und Anpassungsfähigkeit bewiesen hat, die ihresgleichen sucht? Und dass wir die Zukunft zwar nicht vorhersehen können, es aber in unserer Hand liegt, was wir aus ihr machen?

„ES BRAUCHT MANCHMAL AUCH UNIDEOLOGISCHE GELASSENHEIT."

Wenn wir mit dieser Haltung sowie mit Besonnenheit, Augenmaß und bisweilen auch einfach mit ein wenig unideologischer Gelassenheit an die Dinge herangehen, dann bin ich mir sicher, dass uns vor der Zukunft nicht bange sein muss. Dann werden wir auch im Jahr 2029 ein freiheitliches Land sein, das bei aller Offenheit und Toleranz zugleich Integration einfordert und nicht zulässt, dass innenpolitische Konflikte fremder Länder auf unserem Boden ausgetragen werden. Dann werden wir in zwölf Jahren ein Land sein, das seine Regeln im Cyberraum genauso durchsetzt wie in der analogen Welt und in dem etwa die Sicherheitsbehörden ganz selbstverständlich auf digitale Kommunikation ebenso zugreifen dürfen wie bislang auf Post und Telefon – aber eben hier wie dort unter strengen Voraussetzungen und richterlicher Kontrolle. Ein Land, das im Herzen eines vereinten Europa ohne Schlagbäume im Inneren durch sichere Außengrenzen und grenzüberschreitende Zusammenarbeit die Rechte seiner Bürger schützt und gewährleistet. Ein Land, in dem Innere Sicherheit nicht mehr ideologisch aufgeladen, sondern unaufgeregt als das verstanden wird, was es ist: die Grundlage eines Lebens in einem freien, freiheitlichen und friedlichen Europa. Eigentlich eine schöne Vorstellung, dieses 2029.

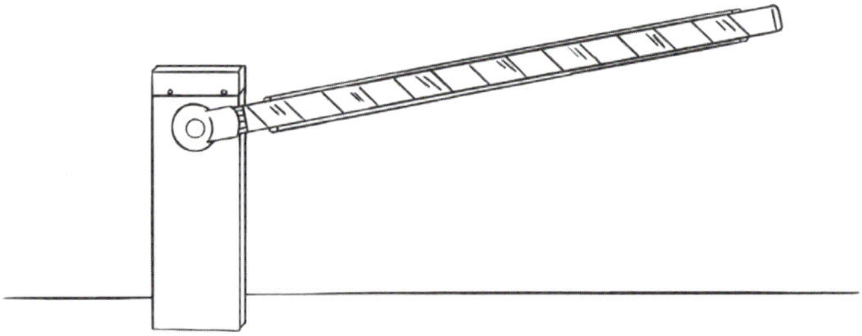

NINA WARKEN, *1979

Die Rechtsanwältin ist seit dem Jahr 2004 Stadträtin in ihrer Heimatstadt Tauberbischofsheim, wo sie mit ihrem Mann und den beiden gemeinsamen Kindern lebt. Neben ihrem Studium der Rechtswissenschaft an der Universität Heidelberg entdeckte sie bereits früh ihre Leidenschaft für die Politik, die sie bis in den stellvertretenden Bundesvorsitz der Jungen Union führte. Nina Warken ist Mitglied des Bezirksvorstandes der Frauen-Union Nordwürttemberg und seit 2013 Mitglied des Deutschen Bundestages. Sie vertritt die CDU/CSU-Fraktion im Innenausschuss sowie als Obfrau im NSA-Untersuchungsausschuss.

INTEGRATION SERAP GÜLER

ZUWANDERUNG IST KEIN EINMALIGES PHÄNOMEN

Im Jahr 2015 standen wir vor der Herausforderung, hunderttausende Flüchtlinge in Deutschland aufzunehmen, die vor Krieg, Terror und blinder Zerstörungswut geflohen waren.

Zunächst ging es um ganz grundsätzliche Dinge: Wie organisieren wir die Unterbringung? Wer kümmert sich um die Flüchtlinge vor Ort? Wie können wir den Zuzug kontrollieren? Und was braucht es, um Fremde in unsere Gesellschaft und Lebensform einzuführen?

Heute, knapp zwei Jahre danach, diskutieren wir darüber, wie wir abgelehnte Asylbewerber konsequenter abschieben können, ob es noch mehr Terroristen wie Anis Amri gibt, die – als Flüchtlinge getarnt – nach Deutschland kommen, und wie wir die weltweite Flüchtlingsbewegung eindämmen können. All das sind Punkte, über die wir sprechen müssen.

Was wir bei der Vermischung von sicherheitspolitischen und integrationspolitischen Themen aber nicht vergessen dürfen, ist der Umstand, dass Menschen mit ganz eigenen Hintergründen und Schicksalen zu uns gekommen sind. Flüchtling sein ist ein Status, kein Typus.

Genauso wenig, wie es „den Migranten“ gibt, gibt es auch nicht „das Mittel“ für Integration.

INTEGRATION BRAUCHT EINEN LANGEN ATEM

Die Flüchtlingskrise hat uns ein ums andere Mal gezeigt, dass wir weiterhin an einem gesellschaftlichen Verständnis von Integration arbeiten müssen. Integration ist keine Selbstverständlichkeit, sondern eine Mammutaufgabe, die wir nur gemeinsam bewältigen können.

Was wir brauchen, ist ein offener, mutiger und vor allem ehrlicher Dialog, der nicht von Empfindlichkeiten geprägt ist. Nicht jeder Vorschlag darf gleich als Provokation verstanden werden. Wir müssen lernen, denjenigen mehr Aufmerksamkeit zu schenken, die sich im Stillen jeden Tag aufs Neue für eine gelingende Integration einsetzen. Stattdessen echauffieren wir uns wochenlang über Krawallmacher und Egoisten, die sich selbst für „das Volk“ halten, sich aber nicht im Geringsten mit den Werten unserer Gesellschaft identifizieren.

„VIELE TUN SICH SCHWER DAMIT, DEUTSCHLAND ALS EINWANDERUNGSLAND ANZUSEHEN.“

Voraussetzung für eine gelingende Integration ist, dass wir aus den Fehlern der Vergangenheit lernen. Noch heute kämpft die erste Generation der Gastarbeiter damit, von der deutschen Gesellschaft lange Zeit ignoriert worden zu sein. Als Kind einer türkischen Gastarbeiterfamilie weiß ich aus eigener Erfahrung, dass Identität nicht einfach wie ein Schalter umgelegt werden kann.

In Zukunft dürfen wir uns nicht der Illusion hingeben, dass Zuwanderung ein einmaliges Phänomen sei. Noch immer tun sich viele Politiker und weite Teile der Gesellschaft schwer damit, Deutschland als Einwanderungsland anzusehen. An überholten Gesellschaftsbildern festzuhalten ist jedoch nicht nostalgisch, sondern ignorant.

Das Ziel von Integration muss sein, Zuwanderung als Puzzlestück unseres kulturellen Bewusstseins zu verstehen. Wenn wir das geschafft haben, können wir uns mehr auf die Chancen als auf die Risiken von Migration konzentrieren.

Meine Vision für das Jahr 2029 lautet: Chancengerechtigkeit durch eine aktive Integrationspolitik. Wir müssen uns davon lösen, Integrationspolitik nur reaktiv zu gestalten. Das Integrationsgesetz der Bundesregierung ist ein erster Schritt in die richtige Richtung. Doch noch immer fehlt es uns an Konzepten, die Chancen in der Gesellschaft gleichmäßig zu verteilen.

Auch im Jahr 2017 erleben wir, dass die Herkunft und das Elternhaus über den sozialen Aufstieg und beruflichen Erfolg entscheiden. Solange wir dieses Gefälle in der Gesellschaft haben, werden wir das Potenzial von Integration nie völlig ausschöpfen können.

Ich setze mich deshalb auch zukünftig für eine Integrationspolitik „Made in Germany" ein, die sich an den Bedürfnissen der Gesellschaft orientiert, einen respektvollen Umgang miteinander induziert und sich nicht davor scheut, das zu sagen, was gesagt werden muss: aufrichtig, direkt und konsequent.

SERAP GÜLER, *1980

Als Kind einer türkischen Einwandererfamilie aufgewachsen, studierte Serap Güler nach ihrer Ausbildung zur Hotelfachfrau Kommunikationswissenschaft und Germanistik (Universität Duisburg-Essen). Im Anschluss war sie als Referentin für die Landesregierung NRW für das Ministerium für Generationen, Familie, Frauen und Integration und als Regierungsrätin im Ministerium für Gesundheit, Emanzipation, Pflege und Alter tätig. Seit 2012 ist sie Abgeordnete im Landtag NRW, integrationspolitische Sprecherin der CDU-Fraktion, Mitglied des Bundesvorstandes der CDU und stellvertretende Vorsitzende der CDU Köln.

TERRORABWEHR NATHANAEL LIMINSKI

KLAR IST: TRANSPARENZ UND OFFENHEIT SIND KEIN SELBSTZWECK

Häufig ist nach Anschlägen die These zu hören, dass die richtige Antwort auf Terror und Bedrohung nur mehr Freiheit und Offenheit sein könne. Einer offenen Gesellschaft, so die Annahme, hätten Extremisten nichts entgegenzusetzen. Schließlich signalisiere ein solcher Staat seinen Feinden, dass ihr Kampf nicht nur vergeblich, sondern sogar kontraproduktiv ist. Andere dagegen fordern nach Attentaten oder Hackerangriffen einen stärkeren Staat, der mit schärferen Überwachungsmaßnahmen und größeren Ermittlungsbefugnissen dem Treiben von Terroristen, Extremisten und Saboteuren Einhalt gebieten soll.

Die Wahrheit liegt – wie so oft – in der Mitte. Klar ist, Transparenz und Offenheit sind kein Selbstzweck. Das zeigt ein Beispiel: In Nordrhein-Westfalen forderte ein Erlass des grünen Umweltministers, dass Unternehmen in Genehmigungsverfahren für chemische Industrieanlagen ihre Baupläne und technischen Details zum Projekt im Internet veröffentlichen. Bürger und Öffentlichkeit sollten sich so ein genaues Bild machen können. Das Problem: Auch Terroristen und Wirtschaftsspione konnten sich nun ein genaues Bild von den hochsensiblen Anlagen machen. Dabei war dieser Erlass völlig unnötig, weil normale Bürger die technischen Details ohnehin nicht verstehen konnten. Die Folge dieser gut gemeinten Maßnahme war, dass zwar kein einziger Bürger besser informiert, dafür aber die Wettbewerbsfähigkeit der betroffenen Unternehmen und die Sicherheit der Menschen im Land aufs Spiel gesetzt wurden.

„GESETZE UND INSTRUMENTE ANPASSEN UND AUSBALANCIEREN."

Eine Gesellschaft, in der jeder mit jedem und alles mit allem vernetzt ist und in der gleichzeitig Open Data und Transparenz zu unwidersprochenen Prinzipien erhoben werden, macht sich besonders verwundbar. Dies gilt umso mehr in einer weltpolitisch so bewegten Zeit, wie wir sie momentan erfahren und auch in Zukunft erleben werden. Die Frage nach der Zukunft unseres Rechtsstaats kann deshalb nicht apodiktisch und statisch mit mehr Freiheit oder mehr Sicherheit beantwortet werden. Es kommt vielmehr darauf an, Gesetze und Instrumente den jeweiligen Rahmenbedingungen und Herausforderungen – national wie international – anzupassen und immer wieder neu auszubalancieren: zwischen Freiheitsrechten und Sicherheitserfordernissen, zwischen nötiger Zentralisierung und effektiver Subsidiarität.

„ES DARF KEINE ZONEN UNTERSCHIEDLICHER SICHERHEIT GEBEN."

Sicherheit muss zwar überregional organisiert und gedacht, letztlich aber vor Ort hergestellt werden. Deswegen kann Zentralisierung nicht in jedem Bereich zu mehr Sicherheit führen. Dass der Verfassungsschutz föderal organisiert ist, hat auch seine Vorteile. Der Verfassungsschutz in Sachsen konzentriert sich eher auf das rechtsextremistische Spektrum, während die Behörden in Berlin oder Nordrhein-Westfalen vor allem die islamistische Szene im Blick haben müssen. Wichtig ist, dass Polizei und Geheimdienste in der gesamten Republik über dieselben rechtlichen Befugnisse verfügen. Schon durch die Angleichung der Sicherheitsstandards auf besonders hohem Niveau kann deshalb mehr Sicherheit erreicht werden. Denn es darf in Deutschland keine Zonen unterschiedlicher Sicherheit geben.

„WIR MÜSSEN INVESTIEREN UND TECHNISCHES, PERSONELLES UND RECHTLICHES REGELMÄSSIG ÜBERPRÜFEN."

Angesichts international agierender Terroristen, europäisch vernetzter Einbrecherbanden und der wachsenden Bedrohung durch Cyberkriminalität müssen wir uns eingestehen, dass im rechtsstaatlichen Handeln heute – anders als vielleicht noch vor zehn oder zwanzig Jahren – die Sicherheit Vorfahrt bekommen muss, damit die Freiheit nicht auf der Strecke bleibt. Das heißt: Eine Art Friedensdividende bei der Inneren Sicherheit wird es bis auf Weiteres nicht geben. Im Gegenteil. Wir müssen jetzt mehr investieren und die technische, personelle und rechtliche Ausstattung unserer Sicherheitsbehörden regelmäßig auf den Prüfstand stellen. In diesem Kontext immer wieder aufs Neue die richtige Balance zu finden wird den modernen Rechtstaat ausmachen – im Jahr 2029 und weit darüber hinaus.

NATHANAEL LIMINSKI, *1985
Nach seinem Studium (Geschichtswissenschaft, Politische Wissenschaft und Öffentliches Recht) in Bonn und Paris arbeitete der Rheinländer als Assistent im EU-Parlament. Von 2010 bis 2011 betätigte er sich als Redenschreiber des hessischen Ministerpräsidenten in der Wiesbadener Staatskanzlei. Von 2011 bis 2014 war Liminski im Leitungsstab des Bundesverteidigungsministeriums für Ministerreden und Grundsatzfragen zuständig, 2014 in gleicher Position im Bundesinnenministerium. Seit 2011 ist er Chefredakteur der ENTSCHEIDUNG, seit 2014 Geschäftsführer der CDU-Landtagsfraktion in Nordrhein-Westfalen.

RELIGION

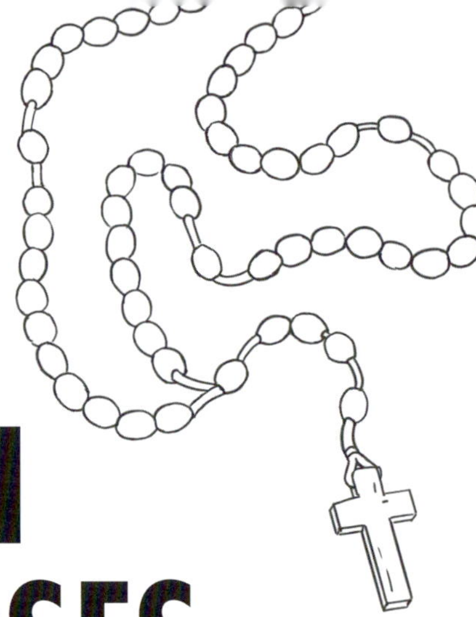

CHRISTENTUM THORSTEN KIRSCHNER

WIR MÜSSEN RELIGIÖSES WISSEN WEITERGEBEN

… und du sollst den Herrn, deinen Gott, lieben von ganzem Herzen, von ganzem Gemüt und mit all deiner Kraft. Du sollst deinen Nächsten lieben wie dich selbst. (Markus 12, 29–31)

Mit diesen beiden Forderungen fasste Jesus Christus die Gebote Gottes vor etwa 2000 Jahren zusammen. Beide aus dem Judentum stammenden Forderungen müssen auch im Jahr 2029 die Grundlage des Christentums sein. Die zwei Richtungen, in die sie weisen, sind von grundsätzlicher Bedeutung: Das Christentum erschöpft sich weder in einer allgemeinen Ethik, welche den zwischenmenschlichen Umgang regelt, noch in einer allein auf Gott ausgerichteten Religiosität, welche die Mitmenschen außer Acht lässt.

Gottesliebe und Nächstenliebe sind beide unverzichtbare Bestandteile des Christentums. Sie kommen zum Ausdruck in der Feier des Gottesdienstes und in der Unterstützung von Menschen, die Hilfe brauchen. Dies geschieht insbesondere durch die Arbeit von Caritas und Diakonie. Der christliche Glaube findet seine Orientierung in Gott, einer Größe, die über das Menschliche hinausweist und gleichzeitig dem Menschen Bedeutung und Würde verleiht.

„UNSERE KULTUR IST UNTRENNBAR MIT DEM CHRISTENTUM VERBUNDEN."

Das Christentum hat eine kulturprägende Kraft. Der Grund dafür liegt auch im Christentum selbst, in seiner „lebendigen Beziehung zur Welt". Christen verliehen und verleihen ihrem Glauben auf verschiedene, auch künstlerische Weise Ausdruck: Bildende Kunst, Literatur, Musik, Architektur und alltägliche Redewendungen zeugen davon, wie der christliche Glaube Europa und weite Teile der Welt geprägt hat. Vielen Städten und Dörfern unseres Landes verleihen Kirchtürme ein Gesicht. Die Sprachgewalt Martin Luthers bereichert noch immer die deutsche Sprache. Bach-Kantaten, Mozart-Messen und Händel-Oratorien sind aus dem Musikleben nicht wegzudenken.

Unsere Kultur ist untrennbar mit dem Christentum verbunden. Im Verlauf der Geschichte Europas kam es dazu, dass das Christentum die bestimmende Religion wurde. Auch deshalb prägen christliche Feste, besonders das Weihnachtsfest, den Ablauf unseres Jahres. Der Sonntag, Tag der Auferstehung Christi, unterbricht als Ruhetag jede Woche den Alltag.

Zum Verständnis unserer Kultur und unserer Geschichte ist daher auch religiöses Wissen notwendig. Die Aufgabe, dieses Wissen weiterzugeben – auch an Menschen anderer Religionen sowie an Menschen ohne Religionen –, wird im Jahr 2029 eine noch wichtigere Aufgabe sein als heute, da die Zahl der Menschen, die einer christlichen Kirche angehören, weiter zurückgehen wird.

„2029 WERDEN EVANGELISCHE UND RÖMISCH-KATHOLISCHE CHRISTEN GEMEINSAM ABENDMAHL FEIERN."

Die christliche Prägung unserer Kultur führt keineswegs zum Ausschluss von Menschen anderer Religionen und Weltanschauungen. Durch die Ausbildung von zwei christlichen Konfessionen in unserem Land mussten die Christen lernen, mit Pluralität umzugehen. Dieses Lernen geschah nicht ohne Konflikte, gegenseitige Verurteilungen und grausame Kriege.

Im Jahr 2029 werden diese Gegensätze weitgehend überwunden sein, das zeichnet sich bereits seit einigen Jahrzehnten ab. Für evangelische und römisch-katholische Christen wird es dann hoffentlich selbstverständlich sein, gemeinsam Abendmahl zu feiern. In der Erfahrung der Versöhnung liegt eine Ressource für den Umgang mit gesellschaftlicher Vielfalt.

Im Jahr 2029 werden noch mehr Menschen unterschiedlicher Religionen und Weltanschauungen in Deutschland leben. Der Beitrag der Christen zu dieser vielfältigen Gemeinschaft liegt in der Vermittlung ihrer religiösen und kulturprägenden Erfahrungen sowie ihrer ethischen Werte: namentlich (erlernte) Pluralismusfähigkeit und Nächstenliebe.

THORSTEN KIRSCHNER, *1980

Nach seinem Studium (Evangelische Theologie, Afrikanische Religion und Theologie) und seinem Vikariat in Fulda war Thorsten Marco Kirschner von 2012 bis 2013 theologischer Assistent beim Bevollmächtigten des Rates der EKD. Seit 2013 ist er ehrenamtlicher Beauftragter für den Dialog mit parteipolitischen Jugendverbänden, seit 2014 Mitarbeiter am Hans-von-Soden-Institut in Marburg. Für sein Engagement bei den Jungen Europäischen Föderalisten und seine ehrenamtlichen Tätigkeiten im Behindertensport wurde Kirschner die Verdienstmedaille des Verdienstordens der Bundesrepublik Deutschland verliehen.

ISLAM DÜZEN TEKKAL

WIR WAREN EINFACH ZU NAIV

Die Lage der islamischen Glaubensgemeinschaften in Deutschland befindet sich zurzeit in einem Ungleichgewicht, und sowohl der Staat als auch die Institutionen haben hierzu entscheidend beigetragen.

In der heutigen Gesellschaft tun wir so, als würde Religion eine untergeordnete Rolle spielen. Wir drücken sie weg, indem wir uns etwa auf materielle Werte stürzen, wobei die Religion gerade für große Teile der Muslime verhaltensbestimmend ist. Mit der ersten Einwanderungswelle nach dem Zweiten Weltkrieg kamen viele Muslime nach Deutschland und fanden eine fremde Kultur vor. Islamische Verbände und Gemeinden wurden gegründet, der Staat fühlte sich jedoch nicht dafür verantwortlich, diese Menschen „an die Hand" zu nehmen.

Alle Debatten über den Islam in Deutschland gründen darauf, dass die mit öffentlichen Mitteln geförderten Verbände und Gemeinden ohne staatliche Aufsicht wachsen konnten. Es wurde versäumt, liberale, säkularisierte und demokratische Werte zu implementieren. Welche Inhalte lehren Imame heute, und sind diese Werte, die dort vertreten werden, vereinbar mit unserem Grundgesetz? Nachweislich wurden in islamischen Zentren wie in Wolfsburg oder Lohberg IS-Kämpfer rekrutiert. Wir waren augenscheinlich zu naiv.

„MEIN VATER HATTE UNS IN DIE DEMOKRATIE ‚GERETTET'."

Wenn wir nicht wollen, dass bestimmte Entwicklungen ihren Lauf nehmen, müssen wir zuallererst definieren, was wir möchten und wie wir es umsetzen wollen.

Der erste Schritt wäre, das religiöse Zusammenleben auf institutioneller Ebene neu zu organisieren. Wir brauchen Ansprechpartner, die unsere freiheitlich-demokratischen Werte vertreten – das darf nicht Thema der Diskussionen, sondern muss Grundlage aller weiteren Diskussionen sein. Wie sollen wir ernsthaft das Leben der Muslime in Deutschland verbessern können, wenn wir kein Vertrauen in Imame und Verbände haben, die uns wiederum als Ansprechpartner dienen? So verwundert es auch nicht, dass junge Muslime das Gefühl haben, sich zu versündigen, weil ihre demokratische Einstellung mit der ihrer Bezugspersonen im persönlichen und religiösen Umfeld konkurriert. Wir verlieren diese Menschen an radikale Ideologien, weil wir es nicht schaffen, unsere Werte an den richtigen Stellen gewinnbringend einzusetzen. Zumal uns Deutsche ein unangenehmes Gefühl beschleicht, sobald wir über unsere Herkunft sprechen. Dass wir unseren Nationalstolz schnell mit der deutschen Vergangenheit vermischen, hat Auswirkungen auf die Art und Weise, wie wir zu unserem Grundgesetz stehen, das wir durchaus als Aushängeschild gegen radikale Strömungen und für junge Menschen einsetzen sollten. Mein Vater gab später zu, froh zu sein, uns Kinder in die Demokratie „gerettet" zu haben.

„LASST UNS GLAUBENSSTÄTTEN ZU OFFENEN BEGEGNUNGSSTÄTTEN MACHEN."

Nur, wenn wir die Autoritäten in den Glaubensgemeinschaften auf unsere Seite holen, kann über Bildung die Gefahr vor Radikalisierung im Keim erstickt werden. Es ist wichtig, zu erwähnen, dass das Demokratieverständnis abhängig ist von der frühkindlichen religiösen und kulturellen Erziehung. Und dies liegt in der Verantwortung der staatlichen Organe, die dahingehend ihrer Pflicht nicht nachgekommen sind.

In allen abrahamitischen Religionen gehören Strafe und Gnade zum Narrativ der heiligen Schriften. Diese Inhalte werden gerne dazu missbraucht, vermeintlich im Namen der Religion politische Ziele zu verfolgen und junge Menschen zu verleiten, in den Dschihad zu ziehen. Im Religionsunterricht müssen solche Verse kritisch beleuchtet werden, um daraus die richtigen Deutungen und Schlüsse zu ziehen.

Im Jahr 2029 sollten wir es uns allen einfacher machen. Lasst uns die Glaubensstätten zu offenen Begegnungsstätten machen und lasst uns auf Augenhöhe und ohne Vorbehalte miteinander reden. Wenn Verfehlungen von wenigen nicht mehr auf die vielen friedlichen und barmherzigen Muslime in unserem Land abstrahlen, dann geht es nur noch darum, wo man steht, und nicht mehr, wo man herkommt.

DÜZEN TEKKAL, *1978

Die freie Journalistin und Autorin studierte in Ihrer Heimatstadt Hannover Politik- und Literaturwissenschaften. Nach dem Studium ging es für Tekkal zum TV-Sender RTL. 2010 bekam sie den Bayerischen Fernsehpreis für die Reportage „Angst vor den neuen Nachbarn". Im Zuge der Kriegsberichterstattung arbeitet Düzen Tekkal für ihre NGO Hàwar.help und drehte den gleichnamigen Film „HÀWAR – Meine Reise in den Genozid". Im Jahr 2016 veröffentlichte sie das Buch „Deutschland ist bedroht", erhielt den Menschenrechts-Courage-Preis und gehörte zum Schattenkabinett von Julia Klöckner. Den AJC RAMER Award erhielt Tekkal 2017. Als Jesidin leistet sie ihren Beitrag im Muslimischen Forum Deutschland.

JUDENTUM MIRNA FUNK

WIR LEBENDEN JUDEN

Die Deutschen wissen alles über die toten Juden, aber über die lebenden wissen sie nichts. Seit gut drei Jahren bin ich jetzt „professionelle Jüdin" oder „Berufsjüdin" – wie auch immer Sie das nennen wollen, was ich tue. Denn in dem Moment, in dem ich zur jüdischen Autorin wurde, bin ich auch zur Botschafterin des jüdischen und sogar des israelischen Volkes geworden.

Genauso lange jedenfalls bekomme ich nun E-Mails, in denen mich Wildfremde um ein Treffen bitten. Sie haben noch nie eine echte Jüdin gesehen, sagen die E-Mail-Schreiber; ob ich mit ihnen nicht mal einen Kaffee trinken gehen könne, fragen sie mich, sie würden sogar die Reise nach Berlin antreten, schließlich benötigen sie dringend diesen Kontakt, den Kontakt zu einem echten, lebenden Exemplar.

„DAS DEUTSCHE VERHÄLTNIS ZUM JUDEN IST EIN BISSCHEN KOMISCH."

Am Anfang habe ich darauf noch höflich geantwortet, dass mir für diese Aha-Treffen leider die Zeit fehle; mittlerweile speichere ich die E-Mails nur noch ab mit dem Hintergedanken, sie irgendwann einmal zu veröffentlichen, um dem Deutschen einen Spiegel vorzuhalten. Er will ja nicht wahrhaben, dass sein Verhältnis zum Juden irgendwie ein bisschen komisch ist. Obwohl er ja schon beim Hören des Wortes „Jude" zusammenzuckt, so als habe jemand in einem vollbesetzten Nobelitaliener

„Nigger" gesagt. Die ersten inneren Bilder, die nach dem Hören dieses Wortes auftauchen, sind Leichenberge, KZs und vielleicht noch, wie Goebbels den Hitlergruß macht. Keiner sieht in diesem Augenblick eine moderne jüdische Familie und wie sie mit ihren Freunden – jüdischen und nichtjüdischen –, zu denen Russen, Israelis, Deutsche oder Amerikaner gehören können, in einer Altbauwohnung in Neukölln Pessach feiert.

„ES FEHLT DER ZUGANG ZUR JÜDISCHEN KULTUR DER GEGENWART."

Das ist das Problem. Und genau dieses Problem muss gelöst werden. Von der Politik – der Bildungspolitik vor allem –, die endlich dafür sorgen sollte, dass Kinder und Jugendliche einen Zugang zur jüdischen Kultur bekommen, und zwar zur jüdischen Kultur des Jahres 2017. Von der wissen sie nämlich rein gar nichts. Statt ihnen immer nur 98-jährige KZ-Überlebende vor die Nase zu setzen, sie in die umliegenden Gedenkstätten der Konzentrationslager zu bringen und eine Klassenfahrt zum Holocaust-Denkmal in Berlin zu unternehmen, wäre es sinnvoller, ihnen zu zeigen, dass die Enkel dieser Überlebenden jüdische Kultur in Deutschland nämlich längst leben.

Denn uns Enkel gibt es. Auch das ist den wenigsten bewusst, denn sie glauben, diese 98-Jährigen sind die letzten lebenden Juden Deutschlands. Danach kommt nichts mehr, deswegen ist das Gejammer ja auch so groß, und man hört ständig, Hitler habe die jüdische Kultur ausgerottet. Aber das klingt lediglich dramatisch, entspricht nur überhaupt nicht der Wahrheit. Denn die jüdische Kultur gibt es sehr wohl. Anders als vor der Shoah, das ist keine Frage. Aber sie ist nicht tot wie die sechs Millionen. Man hat uns nicht ausgerottet und man hat uns auch nicht auslöschen können. Uns gibt es. Uns wird es weiter geben. Und wir werden nicht still sein, sondern die Deutschen auf alle Zeit mit unserer Anwesenheit an unsere gemeinsame Geschichte erinnern. Das sind wir unseren Vorfahren nämlich schuldig.

„ZEIGT AUCH DAS JETZT!"

Aber neben der Politik müssen sich die Medien – Print- und Onlinemedien wie auch das Fernsehen – grundlegend fragen, welches Bild sie vom Juden präsentieren wollen. Ob es richtig ist, ständig Orthodoxe zu zeigen, die ja – insbesondere in Deutschland – nur einen geringen Teil der jüdischen Bevölkerung ausmachen. Ob die Obsession mit dem Holocaust vielleicht mal einer anderen weichen sollte. Womit ich nicht sage:

„Schafft den Holocaust ab“, sondern: „Zeigt auch das Jetzt.“ Denn das Jetzt existiert nur so, wie es existiert, durch den Holocaust. Und sie sollten sich fragen, ob es nachhaltig ist, zum 136. Mal Hitler auf ihr Cover zu knallen, oder vielleicht sinnvoller wäre, diese moderne jüdische Familie und ihre Freunde in der Neuköllner Altbauwohnung zu porträtieren.

MIRNA FUNK, *1981

Mirna Funk wurde acht Jahre vor dem Mauerfall in Ostberlin geboren und studierte Philosophie und Geschichte an der Humboldt-Universität in Berlin. Sie ist als Journalistin, Texterin und Schriftstellerin u. a. für diverse Magazine und Zeitschriften tätig und lebt abwechselnd in Berlin und Tel Aviv. 2015 erschien ihr Debütroman „Winternähe“ (S. FISCHER Verlag), der mit dem Uwe-Johnson-Förderpreis ausgezeichnet wurde. In ihrem Werk und in ihren Essays geht Funk unter anderem den Fragen nach der Präsenz jüdischer Kultur in Deutschland heute und einer gegenwartsorientierten Erinnerungskultur nach.

GESELL-
SCHAFT
UND
KULTUR

ENGAGEMENT MATTHIAS WEBER

VOM REDEN ZUM HANDELN MIT WIRKUNG

Wieso engagiere ich mich erst, wenn ich indirekt oder persönlich betroffen bin? Wenn ich durch Druck oder eine negative Erfahrung zu einer Handlung fast gezwungen werde? Ist es nicht weitsichtiger, in einer Situation der Stärke der Gesellschaft etwas zu geben?

In einer Zeit, in der viele Menschen darüber reden, was getan werden müsste – in einer Zeit, in der es schon seit vielen Jahren immer wieder heißt, „die" sollten mal dies und jenes tun –, haben wir jeden Tag die Gelegenheit, zu erkennen, dass es an uns selbst liegt. Jeder kann ein Engagement nach seinen Möglichkeiten finden. Eine Einzelperson, eine Familie oder eine große Organisation kann ihren Fähigkeiten entsprechend ins Handeln kommen.

Uns geht es so gut wie noch nie in Deutschland – und dennoch gibt es ein Gefühl der Disbalance, ein Ungleichgewicht zwischen Handelnden und Redenden. Allerdings bedarf es einer Balance, um Werte und Wohlstand zu erhalten und weiterzuentwickeln. Wir haben keine Zeit mehr für Ausreden wie „Ich kann eh nichts bewirken" oder „Das sollen andere machen". Das Prinzip vom Nehmen und Geben können wir nicht immer erst unter Druck oder Leid praktizieren. Wir dürfen in Zeiten, in denen aktives Mitwirken dringend erforderlich scheint, ins Handeln kommen.

„GEMEINSCHAFTSGEFÜHL REDUZIERT PASSIVITÄT."

In den nächsten 4380 Tagen, also bis zum Jahr 2029, ist es für viele Menschen möglich, ein Engagement im Rahmen ihrer individuellen Möglichkeiten zu finden. Es kann für jedermann eine Selbstverständlichkeit sein, denn Engagement und gegenseitige Unterstützung führen zu mehr Balance in unserer Gesellschaft.

Wenn wir es schaffen, ein aktives Gemeinschaftsgefühl spürbar zu machen, reduziert dies Passivität. Die Geschichte ist uns ausreichend Lehrmeister gewesen. Es geht um unsere Kinder, unsere Zukunft im Alter und um die Zukunft der Gesellschaft. Öffentliche Wertschätzung, Anerkennung und künftiges Selbstverständnis werden die positive Entwicklung von Engagements nachhaltig fördern.

Polarisierende populistische Entwicklungen verweisen auf die Handlungsnotwendigkeit von Politik und Unternehmen – „dort" soll gehandelt werden, „die" müssen endlich dafür sorgen, dass sich etwas ändert. Eine solche Einstellung fördert die Kluft, die aktuell wahrgenommen wird, und das hemmt das aktive „WIR" der Gesellschaft. Eine passive und fordernde Haltung ist die Folge.

„WIR HANDELN, UM ZU VERÄNDERN."

Aktuell ist zu beobachten, dass uns Generationen folgen, die offen sind, viele Fragen stellen und eine Disbalance nicht mehr akzeptieren, ein Zögern, Hadern und Abwarten nicht verstehen. Sie kommen schon jetzt vom Reden ins Handeln und gestalten aktiv unsere Zukunft. Sie treffen sich auf Plätzen und engagieren sich für Europa. Sie kommunizieren ihre Meinungen im Netz – schnell, direkt und offen. Sie gründen Unternehmen, um Bildung zeitgerecht weiterzudenken. Das Ganze ist nicht verordnet oder erst durch schwierige Situationen ausgelöst worden, sondern aus der Wahrnehmung dessen entstanden, was sie jeden Tag erleben, und aus einer inneren Einstellung, die ganz klar vorgibt: „Wir handeln, um zu verändern. Wir gestalten aktiv unsere Gesellschaft, unser Leben. Jetzt."

Etablierte Parteien werden auf eine junge nachfolgende Wählerschaft treffen, die sich fragen wird: „Wozu soll ich diese oder jene Partei wählen?"

Ich persönlich habe mich gefragt, wohin uns das führt. Disbalance. Die und wir. Konsum vor Engagement. Egoistisches Denken. Alle reden über die wahrgenommene Kluft. Kann ich etwas bewirken? Trete ich einer Partei bei? Wie kommen wir vom Reden und guten Vorsätzen ins Handeln? Was ist mein Engagement?

Ja, wir engagieren uns alle schon. In der Arbeitswelt. In der Sozialwelt mit unseren Familien, dem Partner und unseren Eltern. Sind eventuell dennoch Ressourcen vorhanden, um zu wirken? Ganz individuell und im Rahmen der Möglichkeiten?

Wenn wir eines Tages gefragt werden: „Und was hast du getan, um etwas zu verändern?", was war dein Engagement – wie klein es auch erscheinen mag?

Kleinere Engagements kamen bei mir mal hier und da vor. Als ich aber eines Tages im Hochsommer bei tollem Sonnenschein auf dem Balkon saß und in der Zeitung die Berichte vom Elbe-Hochwasser sah, kam ich sehr ins Grübeln. Ich setzte mich ins Auto und war drei Stunden später an einer Sammelstelle in Wittenberge und schippte einfach unzählige Sandsäcke. Von überallher kamen Menschen, um mit ihrem Engagement zu helfen.

Danach habe ich mir die Frage gestellt: Wo kann ich etwas geben? Wo kann ich wirken in Zeiten der Stärke – und nicht erst, wenn Notsituationen entstehen?

Initiiert durch Berichte aus dem Bildungswesen habe ich mit einem Engagement im Montessori-Bildungsbereich begonnen. Einige Stunden im Jahr darf ich mitarbeiten, einen Verein zu gestalten, der Kinder in den Mittelpunkt der Bemühungen stellt.

Ein anderes Mal ging es um eine kleine Geldspende. Wohin nur? Dem Sport zugewandt, fand ich Kontakt zum Paralympischen Schwimmteam Berlin. Hier trainieren Kinder und Jugendliche mit und ohne Handicap – Seite an Seite. Hier war dringend Unterstützung nötig. Ich bin bis heute im Ehremamt und mit kleinen finanziellen Beiträgen dabeigeblieben.

Und in der Arbeitswelt bot sich die Gelegenheit, in einem CSR-Programm als Mentor und Coach aktiv mitarbeiten zu dürfen und mein Wissen an junge Unternehmen weiterzuvermitteln.

„JEDER KANN SEINEN MÖGLICHKEITEN ENTSPRECHEND AKTIV WERDEN."

Es zeigt, dass jeder ganz individuell aktiv werden kann. Ob mit finanzieller Unterstützung, Wissensvermittlung oder einer aktiven Beteiligung an Aufgaben, eben je nach Möglichkeiten.

Die Entscheidung liegt bei uns.

Einer der wichtigsten Punkte ist es, immer wieder über Engagement zu sprechen, zu schreiben, Erfahrungen zu teilen. Oft nehme ich wahr, wie schwierig es ist, dieses Thema weiterzutragen und Gesellschaft zu „bewegen", wachzurütteln, ja, aus einer fast schon Frustration und Lethargie zu befreien.

Was nun ändern?

Durch Achtsamkeit und Wahrnehmung sich selbst auf den Prüfstand stellen. Sich fragen: Was kann Ich tun, um unsere Zukunft mitzugestalten? Ohne Druck und Notsituation, jeder individuell nach seinen Möglichkeiten. Nicht reden – handeln!

Wir haben die Gelegenheit dazu, jeden Tag aufs Neue, bis zum Jahr 2029 – also noch viertausenddreihundertachtzig Tage.

Und nach so vielen Tausenden von individuellen Chancen bis dahin darf Engagement dann einen sehr hohen Stellenwert einnehmen – denn es wird zeigen, wozu wir in der Gesellschaft in der Lage sind.

Es gibt ausreichend Bereiche, in denen unser aller Engagement wirken kann. Besonders die schon seit vielen Jahren bekannten Themenfelder Bildung und Pflegewesen brauchen Initiativen und Engagement der besonderen Art.

Verantwortung übernehmen und die Gesellschaft mitgestalten kann jeder. Vom Reden zum Handeln – nicht für „die da" oder „die hier" – für uns alle. Denn Engagement verändert unsere Gesellschaft und gestaltet unser aller Zukunft.

MATTHIAS WEBER, *1976

Der in Berlin geborene Matthias Weber ist Kommunikationsökonom (VWA) sowie systemischer Coach und bereits seit vielen Jahren dem Thema „Engagement" zugewandt. Bei seinen Stationen in der Versicherungs- und Finanzindustrie sowie in seiner aktuellen Aufgabe in der Alfred Herrhausen Gesellschaft, dem unabhängigen internationalen Forum der Deutschen Bank, findet er zahlreiche Berührungspunkte mit Engagement, Wirkung und Kommunikation der entsprechenden Themen. Engagement – vom Reden zum Handeln – gehört für Weber zu einem Selbstverständnis in der heutigen wie in der zukünftigen Gesellschaft.

MUSIK AFROB

SOUND DER ZUKUNFT

Rap, Hip-Hop, Pop, Rock, Funk, Soul, Jazz, Klassik – Musik ist in ihrer Vielfalt und ihrer kulturellen Bedeutung für uns Menschen nicht zu fassen. Musik war immer da und alles, was kommt, wird von rauschender Zukunftsmusik begleitet sein.

Aber wie klingt der Sound der Zukunft? Wer textet, singt, produziert die Songs? Bei aller Lautstärke, all den Shining Lights – Musik ist ein knallharter Wirtschaftszweig mit Büros, Laptops und Excel-Tabellen.

„DER MUSIKER VERLIERT EIN STÜCK WEIT DIE KONTROLLE."

Unsere Branche steht vor Megaherausforderungen, und der Berufsstand des Musikers ist heute in Deutschland gefährdeter denn je. Was können wir tun, damit Deutschlands Musikszene auch im Jahr 2029 noch so vielfältig ist wie heute?

Klar ist: Die klassischen Verwertungsmodelle funktionieren nicht mehr. An die Stelle von Labels, die mit großen Budgets die neuesten Alben bewarben, sind heute Streaming-Dienste gerückt, die Musik weltweit verfügbar machen. Das ist einerseits eine großartige Entwicklung, denn so können Musiker ihre Musik mit wenig Aufwand weltweit an den Hörer bringen. Andererseits verliert der Musiker auch ein Stück weit die Kontrolle und – abhängig von seiner Reichweite – einen großen Teil seiner Erlöse. Vor allem die Bands mit mittlerem und kleinen Budget können von dem, was sie über Streaming-Dienste wie Spotify oder Deezer verdienen, nicht mehr leben.

Dabei ist Deutschland Vorreiter in der Kulturförderung: 3,5 Milliarden Euro haben Bund und Länder allein im Jahr 2013 für Musik- und Theaterförderung ausgegeben – das sind 42,86 Euro pro Bundesbürger! Damit wird aber leider überwiegend die klassische Kultur gefördert: Hunderte Millionen gehen an Opern- und Konzerthäuser. Popkultur – vom Rapper bis zum YouTuber – geht häufig leer aus.

„ICH WÜNSCHE MIR EINE QUOTE FÜR DEUTSCHSPRACHIGE MUSIK IM RADIO."

Wenn man mich also fragt, was ich mir für die Zukunft der Musik in Deutschland wünsche, dann sage ich zuerst: eine bunte, überlebensfähige Szene, in der Platz und Raum für jede Form von musikalischer Kreativität ist. Wir brauchen eine Gesellschaft und einen Staat, die die Bedingungen dafür schaffen.

„DIE ÖFFENTLICH-RECHTLICHEN SOLLTEN NICHT DEN PRIVATEN SENDERN NACHEIFERN."

Konkrete Ideen? Ich wünsche mir eine Quote für deutschsprachige Musik im Radio. Denn das Radio hat immer noch Trendfunktion. Viele Leute entdecken Musik über Radiosender. Die meisten Sender spielen aber leider nur Musik, die in ein genau abgesteckte Raster passt. So dudelt in Itzehoe eben Jason Derulo featuring Tyga Flow – ist leider so. Vielfalt? Fehlanzeige! Vor allem der wirtschaftlich unabhängige öffentlich-rechtliche Rundfunk sollte nicht den privaten Sendern nacheifern, sondern Musik stattdessen als Kulturgut verstehen, das wir pflegen und erhalten müssen. Eine Quote könnte auch die angespannte finanzielle Lage vieler deutscher Musiker verbessern: Schließlich würden durch das Spielen ihrer Lieder im Radio auch die Tantiemen an sie und nicht an ausländische Musikverlage fließen.

Ich wünsche mir, dass die Popkultur – all die Musiker, die Stunden, Tage, Wochen und Monate in dunklen Probenkellern arbeiten – besser unterstützt wird und dass sich die deutsche Kulturförderung auch dieser Leute annimmt. Es geht mir nicht darum, jede Hobbyband staatlich zu alimentieren, sondern darum, denjenigen eine Existenz zu ermöglichen, die von ihrer Kunst leben müssen und wollen. Dadurch können wir Menschen überzeugen, Musiker zu werden, und die musikalische Vielfalt stärken. Eine starke Szene ist auch eine wirtschaftlich starke Szene – denn hinter jeder Tour, die eine Band spielt, steht ein Team mit Technikern, Logistikern und Organisatoren. Gerade in Zeiten, in denen Musiker und Bands finanziell immer stärker auf Konzerte und Tourneen angewiesen sind, um ihren Lebensunterhalt zu verdienen, ist das ein nicht zu unterschätzender Faktor geworden!

Ich wünsche mir, dass der Kampf um ein modernes Urheberrecht nicht auf dem Rücken von Teenagern ausgetragen wird, die für illegale Downloads angezeigt oder abgemahnt werden. Stattdessen müssen wir mehr in musikalische Bildung investieren – Musik darf in Schulen nicht nur ein Randfach sein und jedes Kind sollte die Chance bekommen, ein Musikinstrument zu lernen. Kinder müssen Bock auf Musik haben und nicht Abmahngebühren abstottern müssen.

Ich wünsche mir also für die Zukunft ein Deutschland, das seine Musiker und seine Musik in aller Breite schätzt und sich dafür engagiert.

AFROB, *1977

Der in Italien geborene Musiker mit eritreischen Wurzeln kam im Alter von drei Monaten nach Deutschland. 1994 startete er seine Rap-Karriere als Featured Artist für befreundete Crews wie die Massiven Töne und Freundeskreis. Sein erstes Soloalbum „Rolle mit Hip Hop" erreichte 1999 Platz 13 der deutschen Charts, die ausgekoppelte Single „Reimemonster" gilt bis heute als eine der wenigen großen deutschen Hip-Hop-Hymnen. Afrob veröffentlichte sieben Alben, davon zwei zusammen mit Samy Deluxe. Sein aktuelles Album „Mutterschiff" stieg im September 2016 auf Platz 14 der Charts ein.

NACHHALTIGKEIT KIM HÖHNE

VERANTWORTUNG IST DER SCHLÜSSEL ZUR NACHHALTIGKEIT

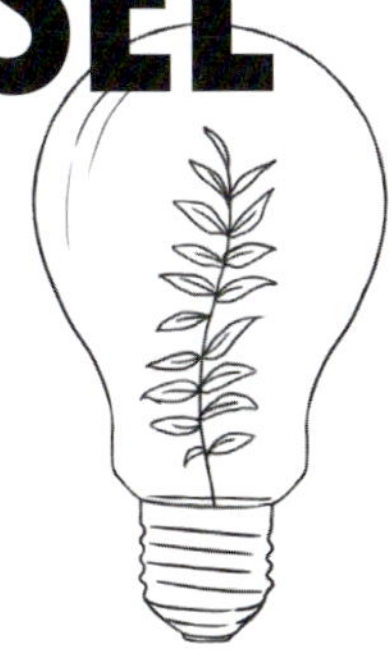

Jede Generation hat ihre Päckchen zu tragen. Unsere Herausforderungen sind groß, unsere Aufgabenstellungen schwierig und der Leistungsdruck hoch.

Es mangelt an talentierten Fachkräften in der Wirtschaft. Unser Bildungssystem schwächelt. Der internationale Wettbewerb rennt uns in puncto Digitalisierung davon. Unser Migrationsmodell muss dringend saniert werden und die Politik bietet für Problemlösungen keine entscheidungsfähigen Strukturen. Kurzum: Der Fortbestand unseres Wohlstands ist in Gefahr.

Aber seien wir mal ehrlich: Unsere Generation musste den Karren noch nie so richtig aus dem Dreck ziehen. Das Land mit seinen Strukturen, gesellschaftlichen Werten und der weltoffenen Kultur, in dem wir heute leben, ist ein Geschenk. Unsere Eltern haben aus der Vergangenheit gelernt. Von den Fehlern und Erfolgen ihrer Eltern. Der eine mehr, der andere weniger. Auch wenn die linke Front der Gesellschaft dieser Meinung ist: Es sind nicht alle Menschen gleich.

Es sind immer außergewöhnliche Menschen, die unsere Zukunft lebenswert gestalten. Sie zeichnen sich durch die Fähigkeit aus, weiter denken zu können. Sie erfassen komplexe Wirkungszusammenhänge und sind empathisch genug, um diese Fähigkeit für die Zukunft aller einsetzen zu wollen. Sie konzentrieren ihre Ressourcen darauf, so zu wirtschaften, dass nachfolgenden Generationen etwas hinterlassen wird.

„GERADE DIE NACHHALTIGEN, UMSICHTIGEN LEISTUNGEN MACHEN ZUKUNFT."

Dank der starken Leistungen dieser „Macher" haben wir die Chance, unsere Zukunft auf ein sozial stabiles, wirtschaftlich starkes, ökologisch fortschrittliches und politisch gefestigtes Fundament aufzubauen. Unsere Großeltern und Eltern vererben uns mit Deutschland ein solides Stück Land. Wir ernten bereits die Früchte, die auf den Feldern stehen.

Um die Zukunftsfähigkeit unseres Landes zu sichern, sollte uns eine Herausforderung deshalb stets besonders antreiben: nachhaltiges Denken und Handeln. Denn sonst bleibt die Ernte für die nachfolgenden Generationen aus.

Das unbeschwerte Leben für die Gegenwart ist ein Luxus, den wir uns in unserer Kindheit und Jugend gönnen durften. Jetzt müssen wir die Verantwortung übernehmen: für unsere Umwelt, unsere Mitmenschen und für unsere Kinder.

„HÖHER, WEITER, SCHNELLER, DIGITALER? DAS REICHT NICHT…"

Bei allen Aufgabenstellungen ist die Erhaltung des Nachhaltigkeitsgedankens die anspruchsvollste. Denn wir haben nicht mehr gelernt, wie es ist, auf einem Trümmerhaufen aufzubauen und die Nachwirkungen aushalten zu müssen. Deshalb unterschätzen wir zuweilen auch die Risiken, die ein egoistisches, verantwortungsloses Handeln mit sich bringt. Wir lassen uns treiben von Innovationsdruck, Wachstumspotenzialen und Erfolgssucht. Höher, weiter, schneller, digitaler. Da bleibt schon mal die Umsicht auf der Strecke.

Aber es sind gerade die nachhaltigen, umsichtigen Leistungen, die Zukunft machen.

Nachhaltiges Wirtschaften bedeutet, Boden zu schaffen, auf dem immer wieder neu gesät werden kann. So darf bei der Neuentwicklung von Produkten, Dienstleistungen und Prozessen nicht nur der schnelle wirtschaftliche Erfolg im Vordergrund stehen, sondern insbesondere auch die Betrachtung der „Hinterlassenschaften".

Nachhaltige Unternehmensführung bezieht die heutige Situation der Familien in die Organisationsplanung ein. Denn nur, wenn Menschen, die Karriere machen und eine Familie gründen möchten, an ihrem Arbeitsplatz Möglichkeiten finden, um auf beiden Gebieten zu performen, wird in deren Familien weiterhin ehrgeizig und nachhaltig handelnder Nachwuchs heranwachsen. Deshalb müssen Unternehmen und Politik die Vereinbarkeit von Familie und Beruf noch intensiver fokussieren. Nicht nur für die Mütter, sondern auch für junge Väter.

Auch, wenn viele derzeit jammern und janken – unser Feld steht immer noch voller Früchte. Sehen wir zu, dass es immer wieder neu bestellt werden kann. Es geht um eine reiche Zukunft für die nachfolgenden Generationen aller Gesellschaftsschichten.

Lasst uns als Zukunftsmacher Verantwortung übernehmen und uns stets fragen, ob auf unserem Handeln nachhaltiger Erfolg wachsen kann.

KIM HÖHNE, *1985

Die gebürtige Stuttgarterin und begeisterte Dressurreiterin Kim Klaudia Höhne war nach ihrem Studium der Kommunikations- und Medienwirtschaft (Iserlohn) im Zentraleinkauf von Douglas tätig. Es folgten ein berufsbegleitendes Masterstudium in Vertrieb und Marketing (Fernuniversität Wismar) sowie die Projektarbeit in einer Beratungs- und Handelsagentur. Heute leitet die zweifache Mutter mit ihrem Mann eine erfolgreiche Mediengruppe. Zu ihren Lebensaufgaben zählen neben der Familie, der Fortbestand der Familienunternehmen Lobbe und KIRCHHOFF GRUPPE.

NACH-
WORT

NACHWORT DR. WOLFGANG SCHÄUBLE

JUGEND SCHÜTZT VOR VERANTWORTUNG NICHT

Nach der Lektüre dieses Buches muss ich sagen: Es braucht meinen Beitrag eigentlich nicht. Es zeigt von der ersten bis zur gerade umgeschlagenen Seite, dass die Unter-40-Jährigen in unserem Land bereit und in der Lage sind, Verantwortung für unser Gemeinwohl zu übernehmen – und es ja auch schon längst tun. Insofern sind keine weiteren Mahnungen erforderlich.

Auch ist nicht jeder mahnende Rat eines Älteren immer hilfreich: Schon der alte Ritter Gurnemanz rät dem Ritter-Lehrling Parzival in Wolfram von Eschenbachs mittelalterlichem Roman, nicht zu viele Fragen zu stellen. Dass Parzival dann auf der Gralsburg auch deswegen die entscheidende Mitleidsfrage an den siechen Gralskönig nicht stellt, bedeutet für Parzival weitere entbehrungsreiche Jahre einsamen Umherirrens. Hätte er doch gleich gefragt! Dann hätte er allerdings wichtige eigene Erfahrungen der folgenden Jahre nicht gemacht.

Trotzdem will ich diesem Buch – wie erbeten – einige Gedanken hinzufügen: Die Probleme unserer Zeit, die wir in den Griff bekommen müssen, gerade auch die europäischen und internationalen, werden wir aller Erfahrung und Voraussicht nach nicht kurzfristig, sondern eher mittelfristig bis langfristig in den Griff bekommen.

„EUROPÄISCHE UND GLOBALE ORDNUNGEN ZU SCHAFFEN, WIRD EINE AUFGABE FÜR MEHRERE GENERATIONEN BLEIBEN.“

Es gilt hier einmal mehr das Wort des Soziologen Max Weber von den „harten Brettern der Politik“, die stark und langsam, mit Leidenschaft und Augenmaß zugleich, gebohrt werden müssen. Europäische und globale Ordnungen zu schaffen, die im 21. Jahrhundert tragen: Damit haben wir in den Finanz-, Wirtschafts- und Staatsschuldenkrisen der vergangenen Jahre begonnen – aber die Aufgabe muss von den Jungen übernommen und konsequent weitergeführt werden. Es wird eine Aufgabe für mehrere Generationen bleiben. Deshalb ist es gut, aber auch unverzichtbar, dass in diesem Buch bereits so viel Engagement und Expertise für diese Aufgabe erkennbar werden.

Es ist dabei allerdings wichtig, dass die Jungen nicht nur in die herausgehoben sichtbaren Positionen im nationalen oder internationalen Zusammenhang streben: Der Zusammenhalt unserer Gesellschaft wird sich ganz wesentlich auch auf den Ebenen unterhalb von Bund und Ländern entscheiden. Nicht wenige zweifeln heute am guten Sinn unserer repräsentativen Ordnung, die auf Stellvertretung in Parlamenten setzt.

Ich glaube, dass eine gelingende lokale Politik viel beitragen kann zu einer grundsätzlichen Einverstandenheit mit unserer politischen Ordnung im Ganzen. Wenn die Bürgerinnen und Bürger das Gefühl haben, dass es in ihrer Kommune vernünftig, ehrlich, gemeinwohlorientiert zugeht, ist schon sehr viel gewonnen. Von den Bildungseinrichtungen bis zur Flüchtlingsintegration hängt so viel von den Menschen und den Strukturen vor Ort ab – und gerade das sind die Dinge, die gelingen müssen, wenn wir Zustimmung und Zusammenhalt in unserem Gemeinwesen erhalten wollen. Die Jungen müssen auch das mit in die Hand nehmen.

„AM ENDE KÖNNTEN DIE ÄLTEREN DIE JÜNGEREN AUSPLÜNDERN.“
(Roman Herzog)

Der Anfang dieses Jahres verstorbene ehemalige Bundespräsident Roman Herzog, der oft früher als andere spürte, was sich gesellschaftlich entwickelt, hat in einem Interview 2008 das Wort von der „Rentnerdemokratie“ geprägt: „Ich fürchte, wir sehen gerade die Vorboten einer Rentnerdemokratie: Die Älteren werden immer mehr, und alle Parteien nehmen überproportional Rücksicht auf sie. Das könnte am Ende in die Richtung gehen, dass die Älteren die Jüngeren ausplündern.“ Er sagte das übrigens in Reaktion auf die Kritik von Seniorenverbänden am CDU-Bundestagsabgeordneten Jens Spahn, der damals eine von der Bundesregierung vorgesehene außerplanmäßige Rentenerhöhung falsch fand. Insofern schließt sich der Kreis auch zu diesem Buch.

„GERADE DIE JUNGEN MÜSSEN STAATSBÜRGERLICH AKTIV SEIN, SONST WERDEN SIE IHRE UREIGENEN INTERESSEN NICHT DURCHSETZEN.“

Der Ausgang des Brexit-Referendums in Großbritannien hat gezeigt, dass die Gefahr dieser von Roman Herzog gesehenen strukturellen Entwicklung nicht gebannt ist. Die Wahlbeteiligung der Unter-25-Jährigen war mit nur 36 Prozent so gering, dass die skeptischen Älteren den Ausschlag geben konnten. Die Lehre ist eindeutig: Die Jungen müssen sich beteiligen. Gerade sie müssen staatsbürgerlich aktiv sein, sonst werden sie ihre ureigenen Interessen nicht durchsetzen und es werden Entscheidungen getroffen, die ihren Lebensvorstellungen zuwiderlaufen.

„JUGEND ALLEIN IST KEINE AUSREICHENDE QUALIFIKATION.“

Aber wo Gefahr ist, wächst das Rettende auch: Heute ist ein Unter-40-Jähriger Präsident Frankreichs. Auch bei uns haben wir in Politik, Wirtschaft und Kultur viele Junge, die gleichwohl schon viel Erfahrung gesammelt haben. Einige von ihnen sind in diesem Band zu Wort gekommen. Sie und viele weitere werden die kommenden Jahrzehnte unseres Landes und Europas prägen. Die Älteren müssen ihnen allerdings auch beizeiten die Verantwortung übergeben. Wenn dies grundsätzlich geschieht, darf es davon dann aber zugleich die eine oder andere Ausnahme geben. Denn – und dieser Gedanke sei ganz am Ende dieses Buches erlaubt: Eine ausreichende, eine hinreichende Qualifikation ist Jugend allein nun auch wieder nicht.

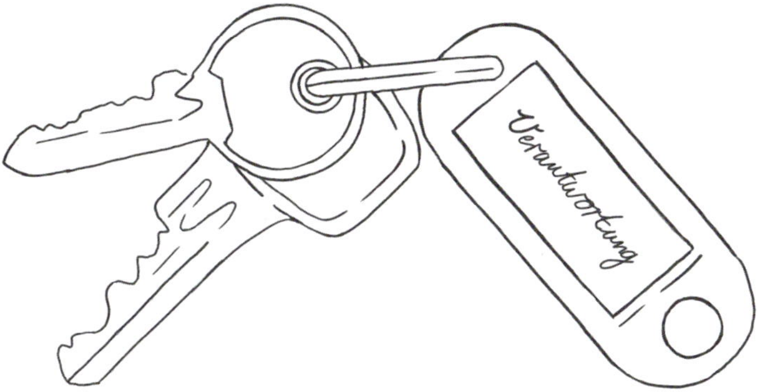

DR. WOLFGANG SCHÄUBLE, *1942

Seit 1972 Mitglied des Deutschen Bundestages, bekleidet Dr. Wolfgang Schäuble zurzeit als dienstältester Abgeordneter das Amt des Bundesfinanzministers. 1984 bis 1989 war Schäuble Chef des Bundeskanzleramtes, 1989 bis 1991 und erneut 2005 bis 2009 Bundesinnenminister, dazwischen ein Jahrzehnt lang Vorsitzender der CDU/CSU-Bundestagsfraktion. 1990 handelte er für die Bundesrepublik mit der DDR den Einigungsvertrag aus. Für seine Verdienste um die Einheit Deutschlands und seinen Einsatz für ein wiedervereintes und starkes Europa wurde er 2012 mit dem Internationalen Karlspreis zu Aachen geehrt.

Foto: Ilja C. Hendel/BMF

Herausgeber
Paul Ziemiak

Idee, Konzept, Art Direction und Illustration
Blumberry GmbH

1. Auflage 2017

Econ ist ein Verlag der Ullstein Buchverlage GmbH

ISBN 978-3- 430-20248-0

Lektorat: ad editum
Umschlaggestaltung: Blumberry GmbH
Gesetzt aus der Futura Std und der Adobe Caslon Pro
Druck und Bindung: Kösel, Krugzell
Printed in Germany

JU JUNGE UNION DEUTSCHLANDS

BLUMBERRY
CONTENT. CONSULTING. CAMPAIGNING.